Hermès Trismégiste

Corpus Hermeticum

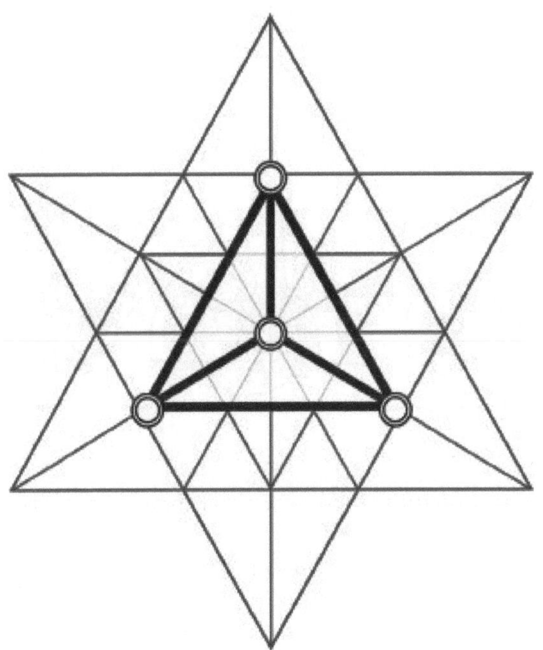

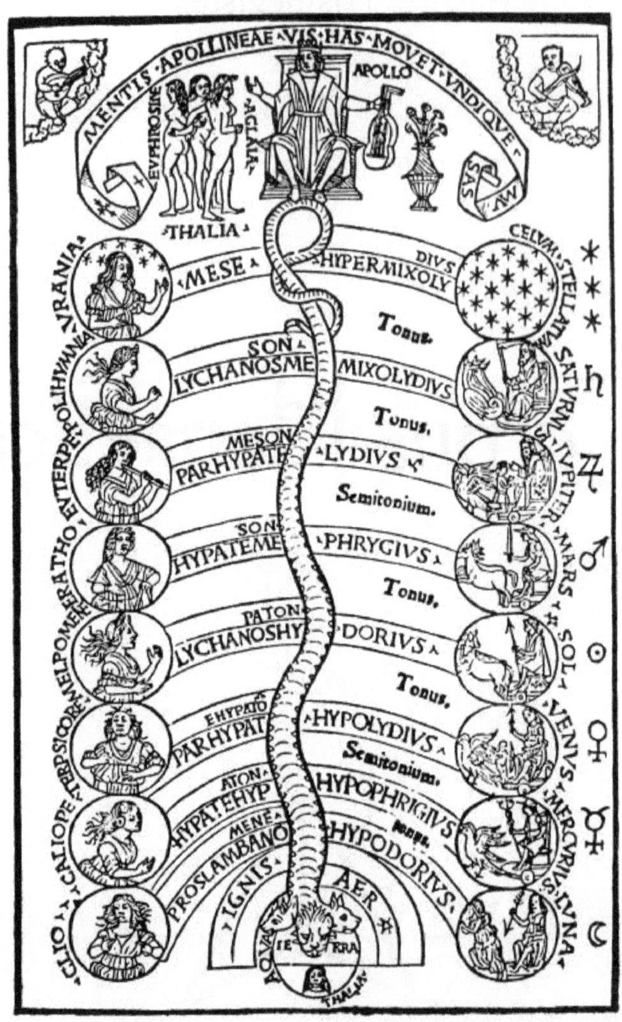

HERMETIS TRISMEGISTI

PHOENICUM ÆGYPTIORUM

Sed et aliarum Gentium

MONARCHÆ CONDITORIS

sive

TABULA SMARAGDINA

à situ temerarijsq̃

nunc demum pristino Genio

Vindicata per

WILHELMUM CHRISTOPHORUM KRIEGSMANNUM.

Benedictum est à Domino terræ ejus pretioso
Coeli fructu, Rore; et ex abysso cubante infer-
ne: pretioso fructu proventuum Solis; et
pretioso fructu influentiæ Lunæ: pretioso deniq̃ fructu terræ, uberta-
teq̃ ejus.

Adjectum est

Testamentum Arnoldi de VillaNova

Sommaire

I. Pymandre

1. Un jour que je réfléchissais aux choses essentielles et que mon cour s'élevait dans les hauteurs, toutes mes sensations corporelles s'engourdirent complètement comme celui qui, après une nourriture exagérée ou à cause d'une grande fatigue physique, est surpris par un profond sommeil.

2. Il me sembla alors voir un être immense, d'une ampleur indéterminée, qui m'appela par mon nom et me dit :

3. " Que veux-tu voir et entendre et que désires-tu apprendre et connaître en ton cour ?"

4. "Qui es-tu" lui dis-je.

5. "Je suis Pymandre," répondit-il, " le Noùs, l'être qui se suffit à lui-même. Je sais ce que tu désires et je suis partout avec toi."

6. Je lui dis : " Je désire être instruit des choses essentielles, saisir leur nature et connaître Dieu. Oh ! Comme je désire comprendre !"

7. Il répondit : " Garde bien dans ta conscience ce que tu veux apprendre et je t'instruirai."

8. À ces mots, il changea d'aspect et, à l'instant, tout me fut découvert ; j'eus une vision infinie ; tout devint une seule lumière, sereine et joyeuse, dont la contemplation me donna une félicité extrême.

9. Peu de temps après, dans une partie de cette lumière, des ténèbres effrayantes et lugubres descendirent et tournoyèrent en spirales sinueuses semblables à un serpent, me sembla-t-il. Puis ces ténèbres se transformèrent en une nature humide et indiciblement trouble, d'où s'éleva une fumée comme un feu, tandis qu'elle faisait entendre un bruit pareil à un gémissement indescriptible.

10. Enfin un cri fit écho, sortant de la nature humide, un appel inarticulé, que je comparai à la voix du feu, alors que de la lumière une parole sainte se répandait sur la nature humide et qu'en jaillissait un feu pur, subtil, véhément et puissant.

11. L'air, par sa légèreté, suivait le souffle du feu ; de la terre et de l'eau, il s'élevait jusqu'au feu de sorte qu'il y paraissait suspendu.

12. La terre et l'eau restaient où elles étaient, si étroitement mêlées qu'on ne pouvait les percevoir séparément, et continuellement mues par le souffle de la parole qui planait au-dessus d'elles.

13. Pymandre me dit : " as-tu compris ce que signifie cette vision ?"

14. " Je vais l'apprendre," répondis-je.

15. Alors il me dit : " Cette lumière, c'est moi, Noùs, ton Dieu, celui qui existait avant la nature humide issue des ténèbres. La Parole lumineuse qui émane du Noùs, c'est le Fils de Dieu."

16. " Que signifie cela ?" demandai-je.

17. "Comprends-le. Ce qui en toi voit et entend, c'est la parole du Seigneur, et ton Noùs est Dieu le Père ; ils ne sont pas séparés l'un de l'autre, car leur unité est vie."

18. " Je te remercie," dis-je.

19. " Élève ton coeur vers la lumière, et connais-la."

20. À ces mots, il me regarda quelque temps en face de façon si pénétrante que je tremblai à son aspect.

21. Puis, quand il releva la tête, je vis dans mon Noùs la lumière, composée de forces innombrables, devenue un monde réellement illimité, tandis que le feu, investi et subjugué par une force toute puissante, était ainsi parvenu à l'équilibre.

22. Je distinguai tout ceci dans ma vision, grâce à la Parole de Pymandre. Comme j'étais tout entier hors de moi, il me dit encore :

23. "Tu as vu dans le Noùs la belle forme originelle de l'homme, l'archétype, le principe originel antérieur au commencement sans fin." Ainsi me parla Pymandre.

24. "D'où sont donc venus les éléments de la nature ?" demandai-je.

25. Il me répondit : " De la volonté de Dieu qui, ayant reçu en elle la parole et contemplé l'archétype du monde dans sa beauté, façonna sur ce modèle un monde ordonné à partir des éléments propres à ce monde et des âmes nées de Dieu.

26. Dieu, l'Esprit, en lui-même masculin et féminin, source de la lumière et de la vie, engendra d'une parole un second être spirituel, le Démiurge qui, en tant que Dieu du feu et du souffle, créa sept recteurs pour entourer de leurs cercles le monde sensible et le diriger par ce qu'on nomme le Destin.

27. Sortant aussitôt des éléments agissant en bas, la parole de Dieu s'élança vers ce pur domaine de la nature fraîchement formée et s'unit au Démiurge auquel elle est identique.

28. Ainsi les éléments inférieurs de la nature furent-ils abandonnés à eux-mêmes et privés de raison, n'étant plus par là que simple matière.

29. Mais le Démiurge, uni à la parole, enserrant les cercles et leur imprimant une rotation rapide, mit en mouvement le cours cyclique des créatures, depuis un commencement indéterminé jusqu'à une fin sans fin, puisque la fin rejoint le commencement.

30. Selon la volonté de l'Esprit, cette rotation des cercles engendra, à partir des éléments déchus, des animaux dénués de raison (car la parole n'était plus au milieu d'eux) ; l'air produisit les animaux ailés ; l'eau, les animaux aquatiques.

31. Selon la volonté de l'Esprit, la terre et l'eau furent séparées et la terre fit sortir de son sein les animaux qu'elle renfermait : quadrupèdes, reptiles, animaux sauvages et domestiques.

32. L'Esprit, Père de tous les êtres, qui est vie et lumière, engendra un homme semblable à lui, dont il s'éprit comme de son propre enfant car, à l'image de son Père, il était d'une grande beauté. Dieu s'éprit donc en réalité de sa propre forme et lui livra toutes ses ouvres.

33. Mais quand l'homme eut observé la création formée dans le feu par le Démiurge, il voulut créer à son tour et le Père le lui permit. Alors, entrant dans le champ de création du Démiurge, où il devait avoir toute liberté de créer, il observa les ouvres de son frère, tandis que les Recteurs s'éprenaient de lui et que chacun d'eux l'associait à son propre rang dans la hiérarchie des sphères.

34. Or dès qu'il connut leur essence et prit part à leur nature, il voulut franchir la limite des cercles et connaître la puissance de celui qui règne sur le feu.

35. Alors, souverain du monde des êtres mortels et des animaux dénués de raison, l'homme se pencha, traversa la force de cohésion des sphères, dont il avait déchiré les voiles et se montra à la nature inférieure dans la belle forme de Dieu.

36. Dès que la nature vit l'homme, qui unissait en lui l'inépuisable beauté et toutes les énergies des sept Recteurs sous l'aspect de Dieu, elle sourit d'amour en voyant se refléter dans l'eau les traits de cette forme merveilleusement belle et en apercevant son ombre sur la terre.

37. Et lui, apercevant dans l'eau de la nature le reflet de cette forme si semblable à lui, s'éprit d'amour pour elle et voulut habiter là. Ce qu'il voulut, il le fit à l'instant et vint habiter la forme privée de raison. La nature, recevant en elle son amant, l'étreignit tout entier et ils ne firent plus qu'un car le feu de leur désir était grand.

38. Voilà pourquoi, seul de toutes les créatures de la nature, l'homme est double, à savoir mortel selon le corps, et immortel, selon l'homme fondamental.

39. En effet, bien qu'immortel et souverain de toutes choses, l'homme subit néanmoins la condition des mortels, car il est soumis au destin. Donc, tout en provenant d'un domaine supérieur à la force de cohésion des sphères, cette force le tient en esclavage ; et tout en étant masculin-féminin parce qu'issu d'un Père masculin-féminin, et exempt de sommeil parce qu'issu d'un être exempt de sommeil, il est néanmoins vaincu par la convoitise des sens et le sommeil.

40. Je lui dis : "O esprit qui est en moi, je suis moi aussi, épris de la Parole !"

41. Pymandre dit : " Ce que je vais te dire est le mystère resté caché jusqu'à ce jour. La nature, s'unissant à l'homme, procréa une merveille étonnante. L'homme avait en lui, je te l'ai dit, l'essence des sept Recteurs, à la fois masculins et féminins, à stature verticale."

42. Alors je m'écriai : " O Pymandre, je brûle maintenant d'un désir extraordinaire de t'entendre. Continue, je t'en prie !"

43. "Fais donc silence," dit Pymandre, " car je n'ai pas achevé mon premier discours !"

44. "Je me tais," répondis-je.

45. "Eh bien ! La génération de ces sept premiers hommes eut lieu, je te le disais, de la manière suivante : la terre fut la matrice, l'eau, l'élément générateur, le feu porta à maturité le processus de formation, et de l'éther la nature reçut le souffle de vie et engendra les corps selon la forme de l'homme.

46. Et l'homme issu de la vie et de la lumière, devint âme et esprit ; la vie devint âme, la lumière devint Noùs. Et tous les êtres du monde sensible demeurèrent ainsi jusqu'à la fin des cycles et jusqu'au commencement des espèces.

47. Écoute maintenant ce que tu désirais entendre. Ce cycle ayant pris fin, le lien qui unissait toutes choses fut rompu par la volonté de Dieu. Car tous les animaux qui étaient jusqu'alors à la fois masculins et féminins furent, comme l'homme, divisés selon deux genres, certains devenant mâles et d'autres femelles. Aussitôt Dieu exprima la Parole sainte : " Croissez en accroissant et multipliez en multitude, vous tous qui avez été créés et faits. Et que celui qui possède le Noùs sache qu'il est immortel et que la cause de la mort est l'amour du corps et de ce qui est terrestre.

48. Dieu ayant ainsi parlé, la providence unit les couples par le moyen du destin et de la force de cohésion des sphères, et établit la reproduction ; et tous les êtres se multiplièrent chacun selon son espèce ; et celui qui se reconnaît lui-même immortel est élu entre tous, tandis que celui qui aime le corps issu de l'erreur du désir, continu d"errer dans les ténèbres et doit souffrir l'expérience de la mort.

49. "Qu'elle est donc," m'écriai-je, "la faute si grave de ceux qui sont dans l'ignorance pour qu'ils soient privés de l'immortalité ?"

50. "Je crois que tu n'as pas réfléchi à ce que tu as entendu. Ne t'ai-je pas dit d'être attentif ?"

51. "Je réfléchis," dis-je, " maintenant je me souviens et je te remercie."

52. "Si tu as réfléchi, dis-moi pourquoi ceux qui sont dans la mort méritent de mourir."

53. "Parce que la source d'où procède leur corps est l'obscurité lugubre qui a produit la nature humide, laquelle a constitué le corps dans le monde sensible, où la mort étanche sa soif."

54. "Tu as bien compris. Mais pourquoi celui qui s'est reconnu lui-même marche-t-il vers Dieu ? Comme le dit la parole divine."

55. "Parce que " répondis-je, " le Père de toutes choses, de qui procède l'Homme, est lumière et vie."

56. "Oui, lumière et vie, tel est Dieu le Père, de qui procède l'homme. Si donc tu sais que tu viens de la vie et de la lumière et que tu es constitué de ces éléments, tu retourneras à la vie." Telles furent les paroles de Pymandre.

57. "Mais dis-moi encore ô mon Noùs, comment irai-je à la vie ? Car Dieu a dit : " Que l'homme qui possède le Noùs se reconnaisse lui-même." Les hommes n'ont-ils donc pas tous le Noùs ?"

58. "Veille à ce que tu dis ! Moi, Pymandre, Noùs, je ne vais que vers ceux qui sont saints, bons, purs et miséricordieux, vers ceux qui sont pieux ; ma présence leur est une aide afin qu'ils connaissent toutes choses à l'instant. Ils se rendent agréables au Père par leur amour, et le remercient par affection filiale et par les chants de louange qui lui sont dus. Avant qu'ils n'abandonnent leur corps à la mort, qui leur est inhérente, ils méprisent leurs sens parce qu'ils en connaissent trop bien les activités.

59. Oui, moi, Noùs, je ne permettrai pas que les activités du corps, qui les harcèlent, exercent sur eux leurs influences ; comme gardien des portes, en effet, j'introduirai l'entrée aux actions mauvaises et honteuses et j'extirperai les impies.

II. Pymandre à Hermès

1. "Fais silence, ô Hermès Trimégiste, et retiens bien ce que je vais t'apprendre. Je te dirai aussitôt ce qui me vient à l'idée."

2. Hermès : " On parle beaucoup de tous côtés de l'univers et de Dieu, mais les opinions se contredisent de sorte que je ne distingue pas la vérité. Veux-tu m'éclairer, ô Maître ? Je ne croirai que ce que tu me révéleras ?"

3. "Apprends donc, mon fils, le rapport entre Dieu et l'univers, c'est-à-dire : Dieu, l'éternité, le monde, le temps et le devenir.

4. Dieu fait l'éternité, l'éternité fait le monde, le monde fait le temps, le temps fait le devenir.

5. L'essence de Dieu est le bien, le beau, la béatitude et la sagesse ; l'essence de l'éternité est l'immuabilité ; l'essence du monde est l'ordre ; l'essence du temps est le changement ; et l'essence du devenir est la vie et la mort.

6. L'Esprit et l'âme sont la force active et révélatrice de Dieu ; la permanence et l'immortalité, telle est l'action de l'éternité ; la dénaturation et le retour à la perfection, telle est l'action du monde, la croissance et la décroissance, telle est l'action du temps ; la propriété, telle est l'action du devenir.

7. Ainsi l'éternité est en Dieu, le monde est dans l'éternité, le temps est dans le monde et le devenir est dans le temps.

8. Tandis que l'éternité repose autour de Dieu, le monde se meut dans l'éternité, le temps s'accomplit dans le monde et le devenir évolue dans le temps.

9. Dieu est donc l'origine de toutes choses ; Son essence est l'éternité et le monde est Sa matière.

10. L'éternité est la force potentielle de Dieu. L'ouvre de l'éternité est le monde, qui n'a pas eu de commencement, mais est en devenir continuel sous l'action de l'éternité. C'est pourquoi rien de ce qui est dans le monde ne périra jamais, car l'éternité est incorruptible, et rien ne sera jamais anéanti parce que l'éternité enveloppe le monde entièrement.

11. "Mais qu'est-ce que la sagesse de Dieu ?"

12. "Elle est le bien, le beau, la béatitude, la vertu totale et l'éternité.

13. L'éternité fait du monde un ordre en pénétrant la matière de permanence et d'immortalité. Le devenir de la matière dépend de l'éternité comme l'éternité elle-même dépend de Dieu.

14. Il y a le devenir et le temps, aussi bien dans le ciel que sur la terre, mais ils sont différents de nature ; dans le ciel, ils sont immuables et impérissables ; sur la terre, ils sont changeants et périssables.

15. Dieu est l'âme de l'éternité ; l'éternité est l'âme du monde, et le ciel est l'âme de la terre.

16. Dieu est dans le Noùs ; le Noùs est dans l'âme ; l'âme est dans la matière et toutes ces choses existent par l'éternité.

17. Ce grand corps, qui englobe tous les corps, est rempli intérieurement, et enveloppé extérieurement, par une âme pénétrée de conscience-esprit, pénétrée de Dieu, une âme vivifiant tout l'univers.

18. Extérieurement, cette vie vaste et parfaite qu'est le monde avec, intérieurement, toutes les créatures vivantes, dure immuablement en haut du ciel, toujours identique à elle-même, tandis qu'en bas sur la terre, elle produit les changements du devenir.

19. L'éternité maintient tout cela, soit parce qu'on nomme le destin, la providence, la nature, soit de quelque façon qu'on le considère maintenant ou dans l'avenir. Celui qui réalise tout cela par son activité, est Dieu, la force active et révélatrice de Dieu.

20. Dieu, dont la force potentielle l'emporte sur tout, et à quoi ne peut se comparer rien d'humain ni de divin.

21. C'est pourquoi, Hermès, ne crois pas que quelque chose d'ici-bas ou d'en haut soit semblable à Dieu, car tu t'écarterais de la vérité : rien, en effet, n'est semblable à l'Incomparable, au Dieu unique de l'universel.

22. Ainsi, ne crois pas non plus qu'Il partage avec quiconque Sa force potentielle ? Qui hormis Dieu, est créateur de la vie, de l'immortalité et du changement.

23. Que pourrait-Il faire d'autre que créer ? Dieu n'est pas inactif, sinon le cosmos entier le serait aussi, car tout est empli de Dieu.

24. Aussi n'existe-t-il nulle part d'inactivité, ni dans le monde ni en quelque être que ce soit. Inactivité est un mot vide, aussi bien en ce qui concerne le créateur qu'en ce qui concerne le créé.

25. Tout doit être créé selon l'influence propre à chaque lieu.

26. Le Créateur vit en toutes ses créatures. Il ne demeure pas dans l'une d'elles séparément, et Il ne crée pas en l'une d'elle seulement, mais Il crée en toutes.

27. Puisqu'Il est une force toujours active, ce n'est pas suffisant pour lui d'avoir créé des êtres : il les prend aussi sous sa garde.

28. Vois par moi le monde qui s'offre à tes yeux et considère en toi-même combien il est beau : un corps pur et incorruptible, intérieurement jeune et robuste, et dont la force ne cesse de croître.

29. Vois aussi les sept mondes fondamentaux, formés selon un ordre éternel et qui, chacun suivant son propre cours, remplissent ensemble l'éternité. Vois la lumière est partout, mais le feu nulle part.

30. Car l'amour ainsi que la fusion des contraires et des dissemblances sont devenus la lumière qui rayonne par la force révélatrice de Dieu, le Créateur de tout bien, Seigneur et prince de l'ordre entier des sept mondes.

31. Vois la lune, qui court en avant de tous les mondes, instrument de la croissance naturelle, transformant la matière d'ici-bas.

32. Vois la terre au centre de l'univers, établie comme base de ce monde magnifique, nourricière et gardienne de tout ce qui vit sur elle.

33. Remarque l'innombrable multitude des êtres immortels et la grande foule des mortels, et vois la lune décrire son orbite entre mortels et immortels.

34. Tout est plein d'âme, tous les êtres sont mus selon leur propre nature, certains dans le ciel, certains sur la terre. Ceux qui doivent être à droite ne vont pas à gauche ; Ceux qui doivent être à gauche ne vont pas à droite ; ceux qui doivent être en haut ne vont pas en bas ; ceux qui doivent être en bas ne vont pas en haut.

35. Que tous ces êtres aient été engendrés, je n'ai plus besoin de te le montrer, mon bien-aimé Hermès ; ce sont des corps, ils possèdent une âme et ils sont mus.

36. Tous ces êtres, cependant, ne peuvent former une unité sans quelqu'un qui les assemble. Il faut donc que celui-ci existe ! Et il doit être absolument unique.

37. Car, puisque les mouvements sont différents et multiples, et que les corps aussi sont dissemblables, alors qu'il y a une seule vitesse qui leur est imposée collectivement, il ne peut y avoir deux ou plusieurs créateurs.

38. S'il y en avait plus, l'unité de l'ordre ne serait pas maintenue et la jalousie naîtrait du sujet du plus puissant.

39. Suppose qu'il y ait plusieurs créateurs pour les êtres changeants et mortels, celui-ci serait pris du désir de créé aussi des êtres immortels, et de même le créateur des immortels voudrait créer aussi des êtres mortels.

40. En outre, suppose qu'il y ait deux créateurs, alors qu'il y a d'une part la matière et d'autre part l'âme, auquel des deux attribuer la création ? Et si tous deux y pourvoyaient, qui en aurait la plus grande part ?

41. Sache que tout corps vivant est composé de matière et d'âme, tant l'immortel que le mortel, tant celui qui est pourvu de raison que celui qui en est privé.

42. Tous les corps vivants sont animés. Tout ce qui est sans vie n'est que matière, tandis que l'âme seule cause la vie, demeure entre les mains du Créateur. Le Créateur des immortels est donc aussi le Créateur de la vie ; donc aussi, celui des autres êtres vivants, les mortels.

43. Comment celui qui est immortel et qui crée l'immortalité ne créerait-il pas aussi tout ce qui appartient aux vivants ?

44. Qu'il existe donc quelqu'un qui crée tout cela, c'est clair. Qu'il soit unique, c'est évident, car l'âme est une, la vie est une, la matière est une."

45. " Qui, alors, est le créateur ?"

46. "Qui, sinon le Dieu Unique ! À qui d'autre qu'à Dieu seul revient la création des êtres vivants, animés ? C'est pourquoi Dieu est unique.

47. Il y a vraiment de quoi rire : alors que tu reconnais qu'il y a un seul monde, un seul soleil, une seule lune et une seule nature divine, tu penserais que Dieu est multiple ?

48. Donc c'est Dieu qui crée toutes choses. D'ailleurs, quoi d'étonnant à ce que Dieu crée à la fois la vie, l'âme, l'immortalité et le changement, alors que tu effectues toi-même tant d'actes différents !

49. Car tu vois, tu parles, tu entends, tu perçois les odeurs, tu goûtes, tu tâtes, tu marches, tu penses, tu respires. Ce n'est donc pas un autre qui voit, un autre qui entend, un autre encore qui parle, qui marche, qui pense et qui respire ! C'est un seul être qui fait tout cela.

50. Eh bien, les activités divines ne sont pas non plus séparables de Dieu ; car de même que tu cessais d'accomplir toutes tes activités, de même si Dieu cessait d'accomplir ses activités, il ne serait plus Dieu.

51. S'il est démontré qu'aucun être ne peut exister dans l'inactivité, à plus forte raison Dieu !

52. S'il existait réellement quelque chose que Dieu n'eût pas créé, il serait imparfait. Puisque Dieu n'est pas inactif mais, au contraire, parfait, ainsi est-Il le Créateur de toutes choses.

53. Si tu m'écoutes encore un peu, ô Hermès, tu comprendras certainement que Dieu n'a pas qu'un seul but : à savoir faire naître tout ce qui est en devenir, tout ce qui est devenu dans le passé, et tout ce qui deviendra dans l'avenir.

54. Telle est la vie, mon bien aimé. C'est cela le beau, c'est cela le bien, c'est cela Dieu.

55. Si tu veux comprendre tout ceci par ta propre expérience, vois ce qui se passe en toi quand tu veux engendrer. Toutefois, quand il s'agit de Dieu, l'acte d'engendrer n'est pas le même : Dieu, à coup sûr, n'éprouve aucune joie perceptible et personne ne collabore avec lui.

56. Puisqu'Il agit entièrement seul, Il est toujours immanent dans ses œuvres et Il est lui-même ce qu'Il engendre, aussi bien créateur que création. Car si ses créatures étaient séparées de lui, elles s'effondreraient et périraient inéluctablement parce que la vie s'en serait retirée.

57. Mais puisque tout vit et que la vie est une, Dieu est, certes, unique. D'autre part, puisque tout, dans le ciel comme sur terre, est vivant et que la vie est unique en tout, la vie créée par Dieu est elle-même Dieu ; tout vient à la vie donc par les œuvres de Dieu et la vie est l'union de l'âme et de l'esprit.

58. Quant à la mort, elle n'est pas la destruction des éléments rassemblés, mais la rupture de l'unité.

59. Ainsi l'éternité est l'image de Dieu ; le monde est l'image de l'éternité ; le soleil est l'image du monde et l'homme est l'image du soleil.

60. Quant au changement, l'homme ordinaire l'appelle mort parce que le corps se dissout et que la vie se retire dans l'invisible.

61. Je te déclare, donc, mon bien aimé Hermès, que les êtres qui disparaissent de cette manière sont simplement transformés : chaque jour, une partie du monde passe dans l'invisible, mais nullement pour être anéantie.

62. C'est en ceci que réside la souffrance du monde : les rotations et les disparitions dans ce que l'on nomme la mort. Car la rotation est révolution, et la disparition est renouvellement.

63. Le monde possède toutes les formes. Il ne les garde pas enfermées en lui-même, mais se transforme dans les formes et par les formes.

64. Donc puisque le monde est créé omniforme, comment alors sera son créateur ? Nous ne pouvons dire qu'il soit sans forme ! Et s'Il était, lui aussi, omniforme, Il serait semblable au monde. Mais s'Il n'avait qu'une seule forme ? Alors Il serait sous ce rapport inférieur au monde !

65. Donc que décider, Car notre conception de Dieu ne peut présenter de lacune !

66. Il n'y a qu'une seule forme propre à Dieu, une seule forme que les yeux corporels ne peuvent percevoir, une forme incorporelle, qui manifeste toutes les formes par les corps.

67. Ne t'étonne pas qu'il puisse exister une forme incorporelle : pense à la parole que tu prononces ! Il en est ainsi des peintures : on y voit les cîmes des montagnes s'élever haut dans le ciel alors qu'en réalité elles sont lisses et plates.

68. Réfléchis encore plus profondément et complètement à ce que je t'ai dit : de même que l'homme ne peut vivre sans la vie, de même Dieu ne peut vivre sans créer le bien. Tel est en effet la vie et le mouvement de Dieu : accorder à tout le mouvement de la vie.

69. Certaines choses doivent être abordées avec une compréhension particulière, par exemple, ce qui suit :

70. Tout est en Dieu ; non cependant comme en un lieu déterminé, car un lieu est matériel et immobile, et ce qui occupe une place quelque part est sans mouvement ; dans l'incorporel, les choses apparaissent de toute autre façon.

71. En pensant à celui qui renferme tout en soi, comprends avant tout que rien n'est capable de circonscrire l'incorporel, et que rien n'est plus rapide ni plus puissant que lui. Il est l'incirconscrit, le plus rapide et le plus puissant.

72. Réfléchis aussi d'après toi-même ; ordonne à ton âme d'aller aux Indes, et elle y sera plus vite que tu ne l'as ordonné.

73. Ordonne-lui d'aller vers l'océan et elle y sera instantanément, non en voyageant d'un lieu à un autre, mais comme si elle s'y trouvait déjà.

74. Ordonne-lui, même de s'élever jusqu'au ciel ; elle n'aura pas besoin d'ailes pour le faire. Rien ne peut l'en empêcher, ni le feu du soleil, ni l'éther, ni la révolution du ciel, ni les corps des étoiles ; en sillonnant tous les espaces, elle s'élèvera dans son vol jusqu'au dernier corps céleste.

75. Même si tu voulais percer la voûte de l'univers et contempler ce qui est au-delà, si du moins il existe quelque chose au-delà du monde, tu peux.

76. Vois quelle puissance, quelle rapidité tu possèdes ! Et si toi, tu peux tout cela, Dieu ne le pourrait donc pas ?

77. Aussi conçois Dieu ainsi : tout ce qui est, Il le renferme en lui comme étant ses pensées : le monde, lui-même, l'univers.

78. Si tu ne peux t'égaler à Dieu, tu ne peux le comprendre : car seul le semblable comprend le semblable.

79. Croîs jusqu'à être de grandeur immense, dépasse tous les corps élève-toi au-dessus de tous les temps ; devient l'éternité. Alors tu comprendras Dieu.

80. Pénètre-toi de la pensée que rien ne t'est impossible ; considère-toi comme immortel et capable de tout comprendre, les arts, les sciences, la nature de tout ce qui vit.

81. Monte plus haut que toute hauteur, descends plus bas que toute profondeur.

82. Rassemble en toi les sensations de tout le créé : du feu et de l'eau, du sec et de l'humide, imagine que tu es partout en même temps : sur la terre, dans la mer, dans l'air ; que tu es encore incréé ; que tu es dans le sein maternel ; que tu es adolescent, vieillard ; que tu es mort et au-delà de la mort. Si tu peux embrasser tout cela à la fois dans ta conscience : temps, lieux, événements, qualités et quantités, alors tu comprendras Dieu.

83. Mais si tu gardes ton âme prisonnière dans le corps, si tu l'abaisses en disant : " je ne comprends rien, je ne suis rien, je crains la mer, je ne saurais m'élever jusqu'au ciel, je ne sais pas ce que j'ai été, ni ce que je serai", qu'as-tu à faire alors avec Dieu ?

84. Car tu ne peux rien saisir par la pensée de ce qui est réellement beau bien, tant que tu aimes le corps et que tu es mauvais. Le vice suprême est de ne pas connaître le divin.

85. Mais être capable de connaître le divin, en avoir la volonté et le puissant espoir constitue la voie directe vers le bien, une voie facile ? Partout, durant ton voyage, tu le reconnaîtras en chemin, partout il se fera connaître à toi, même là et au moment où tu ne l'attendras point ; soit que tu veilles ou te reposes, sur l'eau ou la terre, le jour ou la nuit, quoi que tu parles où que tu te taises : car il n'est rien qu'il ne soit.

86. Diras-tu maintenant : " Dieu est invisible," Qui se révèle plus que Dieu ? Il a tout créé afin que tu le connaisses à travers toutes ses créatures.

87. Le magnifiques, le merveilleux, c'est que Dieu se manifeste à travers toutes ses créatures.

88. Car rien n'est invisible, même parmi les incorporels ; le Noùs, l'Ame-Esprit, se révèle dans la contemplation vivante et Dieu se manifeste dans son activité créatrice.
Tout ceci, ô Trimégiste, je devais te le dévoiler. Considère le reste de la même manière et tu ne t'égareras pas.

III. Le grand mal de l'homme est qu'il ne connaît pas Dieu

1. Où courez-vous, ô hommes qui êtes obscurcis parce que vous vous êtes enivrés de paroles vides de Gnose, de paroles d'ignorance totale, que vous ne supportez plus et que déjà vous vomissez ?

2. Arrêtez-vous, devenez lucides : regardez de nouveau avec les yeux du cour ! Et si vous ne le pouvez pas tous, au moins ceux qui le peuvent. Car le fléau de l'ignorance submerge la terre entière, met en péril l'âme emprisonnée dans le corps et l'empêche d'entrer dans le havre du salut.

3. Ne vous laissez pas emporter par la violence du courant, mais que ceux qui sont au-dessus de vous et en état d'atteindre le havre du salut utilisent le contre-courant pour y pénétrer.

4. Cherchez celui qui vous prendra par la main et vous guidera vers les portes de la Gnose, d'où rayonne la lumière limpide, où ne règnent nulles ténèbres, où personne n'est ivre, où chacun reste lucide et lève les yeux du cour vers celui qui veut être connu.

5. Mais sachez-le bien : nul ne peut entendre sa voix, prononcer son nom ; les yeux de chair ne peuvent le contempler ; seule l'âme-esprit en est capable.

6. C'est pourquoi, déchirez d'abord le vêtement que vous portez : tissu d'ignorance, cause du fléau, chaîne de corruption, prison ténébreuse, mort vivant, cadavre doté de sens, tombe que vous emportez partout avec vous, voleur qui habite en vous, qui vous montre sa haine par tout ce qu'il aime et sa jalousie par tout ce qu'il hait.

7. Tel est le funeste vêtement dont vous êtes couvert, ce vêtement qui vous empêche de respirer, vous abaisse et vous identifie à lui, pour que vous ne puissiez jamais plus le voir, et qu'au spectacle de la beauté de la vérité et du bien qu'elle recèle, vous ne puissiez plus haïr ce fléau et découvrir les pièges et les embûches qu'il vous adresse.

8. Car il rend vos sens insensibles, vous enferme dans un amas de matières et vous emplit de délices impies, afin que vous n'entendiez pas ce qu'il faut que vous entendiez et ne voyiez pas ce qu'il faut que vous voyiez.

IV. Discours d'Hermès en l'honneur de Dieu

1. Dieu, la puissance de dieu et la divine nature sont la gloire de l'univers.

2. Dieu est le commencement, l'idée originelle, le pouvoir de croissance et la substance matérielle de toute créature ; la sagesse pour la manifestation de toute chose.

3. La puissance divine est principe, naissance et croissance, énergie, destin, mort et régénération.

4. Il y avait, dans l'abîme, des ténèbres sans limites et de l'eau, et le souffle créateur qui commençait d'agir ; tout se trouvait dans le chaos par la puissance de Dieu.

5. Aussitôt que surgit la lumière sainte, les éléments fondamentaux, sortirent de la substance humide, se densifièrent, et tous les dieux réunis séparèrent les uns des autres les aspects de la nature parvenus à maturité féconde.

6. De l'indéterminé et du sans forme, les éléments légers s'élevèrent tandis que les éléments lourds se déposèrent sur le sable humide, de telle sorte que l'univers dans ses composantes se différencia sous l'action du feu et, ordonné par le souffle de la création, fut tenu dans un mouvement incessant.

7. L'univers se constitua en sept cercles, et les dieux apparurent sous forme d'astres avec toutes leurs constellations. La nature dans tous ces aspects, avec l'aide des dieux qui l'habitaient, se forma en une structure ordonnée, et le cercle qui l'entoura s'enveloppa d'un nuage astral auquel le souffle divin imprima un mouvement circulaire.

8. Chaque dieu selon sa puissance propre produisit ce qui lui avait été confié : ainsi naquirent les quadrupèdes, les reptiles, les animaux aquatiques et les animaux ailés, les graines fécondes, l'herbes et toutes les fleurs. Et la semence de la renaissance était enfermée en chacun.

9. Les dieux suscitèrent de même les générations d'hommes, pour que ceux qui pussent connaître les ouvres de Dieu et témoigner des activités de la nature,

10. Et croître en foule, et dominer de façon absolue sur tout ce qui se trouve sous le ciel, et apprendre à reconnaître le bien ; donc à prospérer tout en croissant et se multipliant.

11. Et les dieux créèrent les âmes, qui furent semées dans la chair par le destin, sur l'ordre des dieux de l'intérieur des cercles, afin qu'elles parvinssent à connaître exactement la voûte céleste, la course des dieux du ciel, les ouvres divines et l'activité de la nature ;

12. Qu'elles apprennent à connaître le vrai bien, et la puissance divine qui tient en mouvement la roue du destin ;

13. Et donc à distinguer le bien du mal, et à acquérir entièrement l'art sublime de l'accomplissement des ouvres du bien.

14. Et tel est leur chemin depuis le commencement : tandis qu'elles font des expériences, elles prennent conscience de ce que leur destin dépend de la marche circulaire des

dieux ; elles finissent par être délivrées et laissent derrière elles sur la terre de grands monuments évoquant les ouvres sublimes qu'elles accomplissent une fois libérées.

15. Et tout ce qui, au cours des temps, jette de l'ombre et répand des ténèbres : la naissance des créatures de chair pourvues d'âme, la génération à la façon des jeunes animaux, l'ensemble des ouvres humaines, tout ce qui décroît, sera régénéré par le destin, par la régénération des dieux et des cycles de la nature quand leur nombre sera atteint.

16. Car le divin est l'univers cosmique fondu en unité, régénéré par la nature. Car la nature elle aussi est ancrée dans la toute-puissance de Dieu.

V. Extrait d'un discours d'Hermès à Tat

1. Je fais cet exposé, mon fils, d'abord par amour des hommes et en humble dévouement à Dieu. Car il n'y a pas piété plus vraie que de considérer les choses essentielles et de témoigner sa gratitude à celui qui est l'auteur, ce que je ne cesserai de faire.

2. Mais si rien n'est réel ni vrai, Père, que faut-il faire alors pour vivre de la juste manière ?

3. Vis au service de Dieu, mon fils ! Qui est véritablement pieux aimera la sagesse au plus haut degré ; car sans amour de la sagesse il est impossible d'atteindre la piété la plus haute. Celui qui a acquis la vision profonde de l'essence du tout et appris comment, par qui et en faveur de qui l'ensemble est mis en ordre, rend grâce de tout à Dieu, le Maître constructeur du monde, tel un Père infiniment bon, qui comble de bienfaits et protège fidèlement.

4. Confessant sa gratitude, il sera pieux, et par sa piété il saura où est la vérité et qui elle est ; et grâce à cette vision profonde, sa piété ne cessera de s'affermir.

5. Jamais, mon fils, l'âme, bien qu'elle soit dans le corps, ne redescend en sens inverse quand elle allège le fardeau de ses dettes pour saisir vraiment le bien et le vrai.

6. Lorsque l'âme apprend qui l'a appelée à l'existence, elle s'emplit d'un amour immense, oublie tout mal et ne peut plus se séparer du bien.

7. Tel doit être, mon fils, l'unique chemin vers la vérité, que nos ancêtres ont aussi parcouru et dont ils ont reçu le bien.

8.

9. Sublime et tracé est le chemin mais difficile et ardu pour l'âme tant qu'elle est dans le corps.

10. L'âme doit d'abord diriger la lutte contre elle-même, provoquer une profonde scission et abandonner à une partie la victoire sur elle-même. Un conflit naît en effet entre une partie et les deux autres : la première tente de s'échapper tandis que d'en bas les deux autres tentent de l'attirer. La conséquence est lutte et grande dépense de force entre la partie qui veut s'échapper et celles qui tentent de la retenir.

11. Que ce soit l'une qui gagne ou les deux autres, cela ne revint toutefois pas au même. Car la première partie aspire fortement au bien tandis que les autres habitent les domaines de perdition.

12. L'une, pleine de tristesse, désire retrouver la liberté ; les autres chérissent l'esclavage.

13. Quand les deux sont vaincues, elles restent enfermées en elles-mêmes, inactives et isolées, abandonnées par celle qui règne. Mais si c'est la première qui est vaincue, elle est faite prisonnière par les deux autres, dépouillée de tout et punie par la vie qu'elle mène ici-bas.

14. Vois, mon fils, ce qui te guide sur le chemin de la liberté : tu dois d'abord, avant de mourir, renoncer à ton corps et vaincre la vie engagée dans la lutte ; puis ayant remporté cette victoire, retourner vers l'en haut.

15. Et maintenant, mon fils, je vais résumer les choses essentielles par de brèves sentences : tu comprendras ce que je dis si tu te souviens de ce que tu as déjà entendu.

16. Tout ce qui existe est en mouvement ; le non-être seul est immobile.

17. Tous les corps sont soumis au changement ; mais tous les corps ne sont pas dissolubles.

18. Toutes les créatures ne sont pas mortelles, toutes les créatures ne sont pas immortelles.

19. Le dissoluble est périssable, l'immuable est éternel.

20. Ce qui renaît toujours, toujours périt ; mais ce qui s'est formé une fois pour toutes n'est jamais anéanti et ne devient pas autre choses.

21. En premier est Dieu ; en second, le Cosmos ; et enfin, l'Homme.

22. Le Cosmos est pour l'Homme, L'Homme pour Dieu.

23. La partie sensitive de l'âme est mortelle, la partie raisonnable, immortelle.

24. Toute réalité manifestée est immortelle mais cependant transformable.

25. Tout être est double, rien de ce qui est n'est en repos.

26. Toutes choses ne sont pas mues par une âme ; mais il y a une âme qui meut l'être entier.

27. Tout ce qui est sensible expérimente par la souffrance ; tout ce qui expérimente souffre.

28. Tout être sujet à la douleur est aussi à la joie ; à savoir, la créature mortelle ; qui connaît la joie ne connaît pas nécessairement la douleur, à savoir la créature immortelle.

29. Tout corps n'est pas sujet à la maladie ; tout corps soumis à la maladie est soumis à la dissolution.

30. Le Noùs est en Dieu ; la raison est en l'homme ; la raison est dans le Noùs, le Noùs est insensible à la souffrance.

31. Rien de vrai dans le corps mortel ; rien de faux dans le corps immortel.

32. Tout ce qui vient à l'existence est soumis au changement, mais tout ce qui vient à l'existence n'est pas périssable.

33. Rien de bon sur terre ; rien de mal dans le ciel.

34. Dieu est bon ; l'homme méchant.

35. Le bien opère volontairement ; le mal involontairement.

36. Les dieux destinent les ouvres bonnes aux bonnes fins.

37. Le bon ordre est justice sublime ; le bon ordre est loi.

38. La loi divine est le temps ; la loi humaine est le mal.

39. Le temps est la rotation du monde ; le temps est le destructeur de l'homme.

40. Dans le ciel tout est immuable ; sur terre tout est changeant.

41. Rien n'est soumis ni subordonné dans le ciel ; rien n'est libre sur terre.

42. Point d'ignorance dans le ciel ; point de connaissance sur la terre.

43. Le terrestre n'a point part au céleste.

44. Tout ce qui est dans le ciel est sans tache et sans souillure ; tout ce qui est sur terre est condamnable.

45. Le divin n'est pas mortel ; n'est pas divin qui est mortel.

46. Ce qui est semé ne germe pas toujours ; ce qui naît a toujours été semé.

47. Pour le corps corruptible il y a deux périodes de temps : de la conception à la naissance et de la naissance à la mort. Pour le corps incorruptible il n'est qu'un temps qui commence à la création.

48. Les corps corruptibles croissent et décroissent.

49. La matière corruptible oscille entre deux contraires : formation, destruction. La matière incorruptible accomplit le changement en elle-même ou en ce qui lui est semblable.

50. Pour l'homme, la naissance est le commencement de la mort ; et la mort le commencement de la naissance.

51. Ce qui naît meurt donc aussi ; ce qui meurt est donc aussi né.

52. Des choses essentielles, quelques-unes sont dans le corps, quelques-unes dans le monde des idées, quelques-unes dans le monde des forces. Le corps est aussi dans le monde des idées, mais l'idée et la force sont aussi dans le corps.

53. Le divin ne participe pas au corruptible et le mortel ne participe pas au divin.

54. Le mortel n'entre pas dans le corps immortel ; mais l'immortel peut entrer dans les parties mortelles.

55. Les forces divines qui se manifestent ne se dirigent pas vers le haut mais vers le bas.

56. Rien de ce qui se passe sur terre n'a d'utilité pour ce qui se passe dans le ciel, mais tout ce qui se passe dans le ciel est de la plus haute importance pour ce qui appartient à la vie terrestre.

57. Le ciel est la demeure des corps incorruptibles ; la terre est le séjour des corps corruptibles.

58. La terre est dépourvue de raison ; le ciel est conforme à la raison divine.

59. Les harmonies célestes sont le fondement du ciel ; les lois terrestres sont imposées à la terre.

60. Le ciel est le premier élément, la terre le dernier.

61. La Providence est l'ordre divin ; le destin, le serviteur de la Providence.

62. Le hasard est mouvement aveugle et désordonné, force illusoire apparence trompeuse.

63. Qu'est-ce que Dieu ? Le bien immuable et inflexible. Qu'est-ce que l'homme ? Un mal qui tourne sur soi.

64. Si tu gardes ces sentences dans ta pensée, tu n'auras pas de difficulté à retrouver intérieurement les explications que je t'ai données en détail ; car ces sentences en sont le résumé.

65. évite pourtant d'en parler et d'en discuter avec la foule ; non pas que je veuille lui interdire tes trésors, mais parce qu'elle ne fera que rire de toi. Qui se ressemble s'assemble ; mais qui diffère se hait. Les paroles que je t'ai dites n'attirent qu'un tout petit nombre d'auditeurs, peut-être pas même un seul parmi ce petit nombre. Ces paroles ont en outre cette particularité : elles excitent encore plus les méchants au mal. C'est pourquoi il faut prendre garde à la foule, elle ne comprend ni la force libératrice ni la splendeur de l'enseignement.

66. Que veux-tu dire Père ?

67. Ceci mon fils : la vie humaine animale est excessivement portée au mal. En elle le mal est inné dès sa venue au monde et elle en tire satisfaction.

68. Si cette nature animale apprend que le monde a été créé un jour, et que tout ce passe conformément à la Providence et au Destin, puisqu'en effet c'est la fatalité qui gouverne tout, ne sera-t-elle pas bien pire ? Car si cette nature animale méprise l'univers parce qu'il a été créé un jour et attribue la cause du mal à la fatalité, elle finira par ne plus s'abstenir d'aucune ouvre mauvaise.

69. C'est pourquoi il faut que tu sois vigilant à son égard afin que, dans son ignorance, elle agisse le moins mal possible par crainte de ce qu'elle ne peut pas comprendre intérieurement.

VI. Dialogue universel d'Hermès et d'Asclépios

1. Hermès : Asclépios, tout ce qui est en mouvement n'est-il pas mû dans quelque chose et par quelque chose ? Asclépios : Très certainement !

2. Hermès : Et ne faut-il pas que ce en quoi le mouvement a lieu soit plus grand que la chose en mouvement. Asclépios : Sans aucun doute.

3. Hermès : La cause du mouvement n'est-elle pas plus puissante que la chose mue ? Aslépios : C'est l'évidence.

4. Hermès : Et ce en quoi le mouvement a lieu n'est-il pas nécessairement de nature à celle de la chose en mouvement ? Asclépios : Par nature.

5. Hermès : L'univers n'est-il pas plus grand que tout autre corps ? Asclépios : C'est certain.

6. Hermès : Et n'est-il pas entièrement rempli, en particulier par beaucoup d'autres grands corps et plus justement par tous les corps qui existent ? Asclépios : C'est vrai.

7. Hermès : L'univers est donc un corps. Asclépios : Oui.

8. Hermès : Et de plus un corps en mouvement. Asclépios : Sans doute.

9. Hermès : De quelle grandeur doit être alors l'espace dans lequel se meut l'univers ? Et de quelle nature ? Ne faut-il pas qu'il soit beaucoup plus grand que l'univers pour lui permettre son mouvement continu sans le gêner ou l'arrêter ? Asclépios : Cet espace doit être extraordinairement grand, Trimégiste.

10. Hermès : et de quelle nature ? De nature inverse, n'est-ce pas Asclépios ? Or l'inverse n'est-il pas l'incorporel ? Aslépios : Sans aucun doute.

11. Hermès : Donc l'espace est incorporel. Mais l'incorporel est de nature divine, ou Dieu même. Par divin je ne veux pas dire le créé mais l'incréé. Si l'incorporel est de nature divine, il est de même nature que l'essence fondamentale de la création ; et s'il est Dieu, il ne fait qu'un avec l'essence fondamentale. C'est d'ailleurs ainsi que le saisit la pensée.

12. Dieu est pour nous ce que la pensée peut atteindre de plus haut : pour nous, mais pas pour Dieu. Car celui qui pense atteint l'objet de sa pensée à la lumière de la vision intérieure. Dieu n'est pas pour lui-même l'objet de sa pensée. Il n'est pas différent de l'essence de la pensée. Il se pense lui-même. De nous, cependant, Dieu est bien distinct : c'est pourquoi il est l'objet de notre pensée.

13. Si nous nous représentons en pensée l'espace universel, nous n'y pensons pas comme espace mais comme Dieu ; et si l'espace nous apparaît comme Dieu, il n'y a plus d'espace au sens ordinaire du mot, il y a la force divine active qui embrasse tout.

14. Tout ce qui est en mouvement ne se meut pas dans une chose elle-même mobile, mais dans une chose immobile ; et la force motrice elle-même est immobile car elle ne peut être une partie du mouvement qu'elle provoque elle-même.

15. Asclépios : Mais, Trimégiste, de quelle manière les choses, ici, sur terre, peuvent-elles se mouvoir dans le sens de celle qui cause leur mouvement ? Car tu as dit que les sphères en état de péché sont mues par la sphère sans péché.

16. Hermès : Ici, Asclépios, il n'est pas question d'un même mouvement, mais d'un mouvement en sens inverse. Car ces sphères ne sont pas mues dans le même sens, mais en sens inverse. Cette inversion donne au mouvement un point d'équilibre fixe, car la résultante des mouvements en sens contraire se manifeste en ce point par une immobilité.

17. Parce que les sphères en état de péché sont mues en sens inverse de la sphère sans péché, elles sont mues dans ce mouvement inverse, par le point d'équilibre fixe, autour de la sphère offrant une résistance. Et il ne peut pas en être autrement.

18. Tu vois, ici, les constellations de la Grande et de la Petite Ourse, qui ne se lèvent ni ne se couchent mais tournent autour du même point : crois-tu qu'elles soient en mouvement ou immobiles ?

19. Asclépios : Elles sont en mouvement, Trimégiste. Hermès : Et quel est ce mouvement, Aslépios ? Asclépios : Elles tournent sans cesse autour du point centrale.

20. Hermès : C'est juste. La rotation n'est donc rien d'autre qu'un mouvement autour d'un même point centrale. En effet le mouvement circulaire s'oppose à l'écart et c'est l'opposition à l'écart qui entretient la rotation. Donc le mouvement inverse est nul au point d'équilibre parce qu'en ce point la force du mouvement résistant le rend fixe.

21. Je vais te donner un exemple simple dont tu pourras vérifier de tes yeux l'exactitude. Regarde nager les créatures mortelles, l'homme, par exemple : la résistance, la force inverse des pieds et des mains engendre dans le courant de l'eau un état de stabilité tel que l'homme n'est pas attiré vers le fond.

22. Asclépios : cet exemple est très clair, Trimégiste.

23. Hermès : Tout mouvement est produit dans une chose et par une chose elle-même immobile. Le mouvement de l'univers et de toutes créatures mortelles vivantes n'est donc pas déterminé par des causes extérieures au corps mais par des causes intérieures agissant de l'intérieur vers l'extérieur par une force consciente raisonnable, soit l'âme, soit l'Esprit, soit quelque autre entité incorporelle. Car un corps matériel ne peut mouvoir ni un corps animé, ni un corps inanimé ; non, il ne peut mouvoir aucun corps.

24. Asclépios : Que veux-tu dire par là Trimégiste ? Le bois, la pierre et autres corps inanimés ne sont-ils pas des corps qui produisent du mouvement ?

25. Hermès : certainement pas Asclépios ! Car ce n'est pas le corps lui-même qui cause le mouvement des choses inanimées, mais ce qui ce trouve au-dedans de ce corps et ceci fait mouvoir l'un et l'autre corps, aussi bien le corps qui déplace que celui qui est déplacé. De là vient que l'inanimé ne peut mouvoir l'inanimé. Tu vois donc quel lourd fardeau porte ton âme quand, à elle seule, elle doit porter deux corps. Il est évident que ce qui est en mouvement est mû dans quelque chose et par quelque chose.

26. Asclépios : Le mouvement ne se produit-il pas dans un espace vide, Trimégiste ?

27. Hermès : Écoute bien, Asclépios : Rien de ce qui est réellement n'est vide, rien de ce qui fait partie de l'être véritable n'est vide, comme le mot "être", c'est-à-dire se manifester, le dit déjà. En effet, ce qui est n'aurait aucune réalité, ne serait pas, s'il n'était empli de réalité. Ce qui est réel, ce qui se manifeste réellement, ne peut donc jamais être vide.

28. Asclépios : N'y a-t-il donc rien de vide, Trimégiste, Comme une cruche, un pot, une cuve et diverses autres choses spécifiques ?

29. Hermès : Arrête-toi, Asclépios, quelle erreur est la tienne ! Comment peux-tu considérer comme vides des choses entièrement pleines et remplies !

30. Asclépios : Que veux-tu dire, Trimégiste ?

31. Hermès : L'air n'est-il pas un corps ? Ce corps ne pénètre-t-il pas tout ce qui existe ? Et ne remplit-il pas tout ce qu'il pénètre ? Tout corps n'est-il pas composé des quatre éléments ? Toutes les choses que tu qualifies de vides ne sont-elles donc pas remplies d'air : et si elles sont remplies d'air, ne le sont-elles pas aussi des quatre corps élémentaires ? Par là nous en venons à la conclusion inverse de ce que tu disais : tout ce que tu qualifies de plein est vide d'air parce que l'espace en est occupé par d'autres corps qui ne laissent plus de place à l'air. Et toutes les choses que tu dis vides doivent être dites pleines et non vides ; car elles sont emplies d'air et de souffle.

32. Asclépios : On ne peut rien opposer à cela Trimégiste, mais qu'est-ce que l'espace où se meut l'univers ? Hermès : Il est incorporel Asclépios. Asclépios : Et qu'est-ce donc que l'incorporel ?

33. Hermès : L'Esprit tout entier enfermé en lui-même, libre de tout corps, qui ne dévie pas, qui ne souffre pas, intangible, immuable en lui-même, contenant tout, sauvant tout, libérateur, guérisseur ; duquel émanent les rayonnements du bien, de la vérité, du principe originel de l'esprit et du principe originel de l'âme.

34. Asclépios : Mais qu'est-ce Dieu alors ?

35. Hermès : Il n'est rien de tout cela, mais la cause de notre existence, et de tout ce qui est, comme de toute créature en particulier. Car il n'a laissé aucune place au non-être ; tout ce qui existe vient à l'existence de ce qui est et non de ce qui n'est pas : car au non-être manque le pouvoir de faire naître tandis qu'au contraire l'être ne cesse jamais d'être.

36. Asclépios : Qu'est-ce que Dieu enfin ?

37. Hermès : Dieu n'est pas la raison mais le fondement existentiel de la raison ; il n'est pas le souffle mais le fondement existentiel du souffle ; il n'est pas la lumière mais le fondement existentiel de la lumière. C'est pourquoi on doit honorer Dieu en l'appelant "le bien" et "le Père", noms qui ne conviennent qu'à lui et à personne d'autre. Car aucun de ceux qu'on appelle dieux, aucun homme, ni aucun démon ne peut être bon d'aucune manière. Lui seul est bon et personne d'autre. Aucun des autres êtres ne peut contenir l'essence du bien. Car ils sont corps et âme et n'ont pas de place où le bien puisse demeurer. Car le bien contient l'essence de toutes créatures corporelles comme incorporelles, les créatures perceptibles comme celles qui appartiennent au monde des idées abstraites. Tel est le bien, tel est Dieu.

38. Ne qualifie donc jamais rien d'autre de bon car c'est une impiété. Ne désigne jamais Dieu autrement que comme le bien car c'est aussi une impiété.

39. Tout le monde emploie sans doute le mot "bon", mais tout le monde ne comprend pas ce que c'est. C'est pourquoi tout le monde ne comprend pas Dieu non plus, et par ignorance qualifie de bons les dieux et quelques hommes qui peuvent jamais l'être ni le devenir : car le bien est l'immuabilité absolue de Dieu, inséparable de lui parce qu'il est Dieu lui-même, en vérité.

40. On témoigne du respect à tous les dieux en tant qu'êtres immortels en les appelant dieu. Mais dieu est le bien, non par marque de respect mais de par son essence même ! Car l'essence de Dieu et le bien ne font qu'un ; ils forment ensemble l'origine des générations. Car est bon qui donne tout et ne prend rien ? Et en vérité Dieu donne tout et ne prend rien. C'est pourquoi Dieu est le bien, et le bien est Dieu.

41. L'autre nom pour Dieu est Père, parce qu'il est le créateur de toutes choses. En effet, créer est la marque du Père.

42. C'est pourquoi la vie de celui dont la conscience est tournée dans la direction juste et donne naissance au Fils, nécessite une gravité extrême, un zèle ardent et un profond dévouement à Dieu ; tandis que c'est un grand malheur et un grand péché de mourir sans cette descendance et d'être jugé par les démons après la mort.

43. Car voici leur punition : l'âme sans naissance du Fils est condamnée à prendre un corps ni masculin ni féminin, chose réprouvée sous le Soleil. Prends part à la joie, Asclépios, si tous possèdent cette descendance ; mais entoure de compassion ceux qui ont le malheur d'en être privés, car tu connais la punition qui les attend.

44. Puissent ces paroles, Asclépios, te mener, par leur nature et leur étendue, à la connaissance élémentaire de l'essence du Tout.

VII. Discours d'Hermès à Tat sur le caractère et l'unité

1. Hermès : Considère le Maître constructeur du monde, car il a créé le monde entier, non de ses mains mais par la parole, comme la réalité présente immuable, comme le créateur de toutes choses, le seul-et-unique, qui a créé tout ce qui est selon sa volonté.

2. Car c'est là véritablement son corps, intangible, invisible, incommensurable et indivisible, que l'on ne peut comparer à aucun autre corps. Il n'est ni feu, ni eau, ni air, ni souffle, mais ces choses et toutes choses sont par lui et de lui.

3. Comme il est le bien, il n'a pas voulu se vouer cette offrande à lui seul et il n'a pas voulu orner la Terre pour lui seul, mais comme joyau de ce corps divin, il a fait descendre l'homme, créature mortelle d'un être immortel ; et de même que la Terre surpasse ses créatures par la vie éternelle, l'homme surpasse ses créatures terrestres par l'intelligence et l'esprit.

4. L'homme devint un contemplateur des ouvres de Dieu, il en était ravi et apprenait par elles à connaître le Créateur. Ainsi Tat, Dieu dota tous les hommes d'intelligence mais non d'esprit. Et cela non par une quelconque jalousie, car la jalousie ne vient pas d'en haut, elle naît ici-bas dans l'âme de ceux qui ne possède pas l'esprit.

5. Tat : Pourquoi, mon Père, Dieu n'a-t-il pas conféré l'esprit à tous les hommes ?

6. Hermès : Il a voulu, mon Fils, que l'union avec l'esprit, à la portée de toutes les âmes, fut instaurée pour prix de la course.

7. Tat : Comment cela ?

8. Hermès : Il a fait descendre un grand cratère, empli des forces de l'esprit et envoyé un messager pour annoncer au cour des hommes : Immergez-vous dans ce cratère, vous, âmes qui le pouvez ; vous qui espérez avec foi et confiance vous élever vers celui qui a fait descendre ce vase ; vous qui savez à quelle fin vous avez été créées.

9. Tous ceux qui prêtèrent l'oreille à cet avertissement et se purifièrent en s'immergeant dans les forces de l'esprit eurent part à la Gnose, la vivante connaissance de Dieu, et, recevant l'esprit, devinrent des hommes parfaits.

10. Tous ceux qui n'accordèrent aucune attention à l'avertissement envoyé s'arrêtèrent aux frontières de l'intelligence car ils ne reçurent pas les forces de l'esprit et ne surent pas quelle fin et par qui ils avaient été créés.

11. Les observations de ces hommes contraints de se fier à leurs sens ressemblent à celles des animaux dépourvus d'intelligence. Et comme leur caractère est un mélange de passion et de colère, ils n'ont pas d'étonnement devant ce qui mérite méditation et réflexion, ils se vouent aux désirs et passions du corps, croyant l'homme né à cette fin.

12. Quant à ceux auxquels fut accordé d'avoir part aux dons de Dieu, la raison paraît dans tous leurs travaux, ils ne sont plus des mortels mais des hommes divins, dont l'âme-esprit embrasse tout ce qui est sur la terre et dans le ciel.

13. Tous ceux qui se sont élevés en contemplant le bien apprennent à considérer le séjour ici-bas sur la terre comme un malheur. Ils tiennent pour condamnables toutes les choses corporelles et incorporelles, et se hâtent pleins d'ardeur vers le seul-et-unique.

14. Ô Tat, la manifestation croissante de l'âme-esprit, la formation des choses divines et la contemplation de Dieu, tels sont les dons du cratère, le vase sacré.

15. Tat : Ô Père, je veux moi aussi m'immerger dans le cratère !

16. Hermès : Si tu ne commences pas par haïr ton corps, mon fils, tu ne pourras pas aimer ton véritable toi-même. Mais si tu aimes ton véritable toi-même, tu posséderas l'âme-esprit ; et une fois en possession de l'âme-esprit, tu auras part aussi à la connaissance vivante.

17. Tat : Qu'entends-tu par là, Père ?

18. Hermès : Tu ne peux, mon fils, t'attacher aux choses matérielles et aux choses divines. Il y a deux états d'être : le corporel et l'incorporel, le mortel et le divin, et tu dois choisir entre les deux après mûres réflexions : il n'est pas possible en effet de s'attacher aux deux. Lorsque ton choix sera fait, témoigne de la décroissance de ce que tu as rejeté par la force agissante de ce que tu as choisi.

19. Ainsi le bon choix montre-t-il sa gloire non seulement en rendant divin l'homme qui l'a fait, mais en prouvant encore son attachement et son dévouement à Dieu.

20. Le mauvais choix au contraire mène l'homme à sa perte ; en outre il est péché envers Dieu. De tels hommes agissent comme des gens qui marchent en cortège au milieu du chemin, ne peuvent rien faire par eux-mêmes mais gênent les autres dans leur marche ; ils déambulent dans le monde, entraînés par les désirs de leur corps.

21. C'est pourquoi, Ô Tat, les dons qui viennent de Dieu ont été mis à notre disposition et le resteront toujours : prenons donc garde que ce qui vient de nous soit digne d'eux et ne leur demeure pas inférieur. Car ce n'est pas Dieu la cause de notre mal mais nous-mêmes qui le préférons au bien.

22. Vois, mon fils, à travers combien d'états véhiculaires, de foules de démons, de voiles de matière et de courses stellaires il faut passer pour s'élever péniblement jusqu'au seul-et-unique. Le bien n'est pas, et de loin, un lieu facile à atteindre. Le bien est illimité et sans fin ; il n'a pas de commencement quant à lui-même, si pour nous il peut paraître en avoir un dans la Gnose, la connaissance universelle de Dieu.

23. La Gnose n'est donc pas le commencement du bien, mais elle nous offre le commencement de ce qu'il nous faut apprendre à connaître du bien.

24. Commençons donc et hâtons-nous en voyage à travers tout ce qui nous attend ; car en vérité il est difficile de quitter ce qui est familier, et ce que l'on possède pour revenir aux choses anciennes et premières. Ce qui est visible donne de la joie tandis que l'invisible éveille doute et incrédulité. Pour l'oil ordinaire, le mal est connu et manifeste ; au contraire le bien invisible. Le bien n'a ni figure ni forme. Il est immuable semblable à lui-même, donc différent de tout le reste ; c'est pourquoi, incorporel, il est invisible pour l'homme corporel.

25. Comme tout ce qui reste semblable à soi-même, l'immuable est bien supérieur au changeant ; et le changeant, misérable en comparaison de l'immuable.

26. L'unité, l'un-et-indivisible, l'origine et la racine de toute chose est, comme tel, présent en toute chose, Rien n'est sans origine, point de départ de tout, prend donc sa source uniquement en elle-même.

27. Le nombre un contient, comme l'origine, tous les autres nombres en lui sans être lui-même contenu dans aucun.

28. Tout ce qui est engendré est imparfait, divisible, croît et décroît. La perfection n'est donc rien de tout cela

29. Ce qui croît s'accroît par l'unité et retombe dans sa propre faiblesse dès l'instant où il ne peut plus faire place à l'unité.

30. Ainsi, ô Tat, pour autant que cela soit possible, ai-je mis devant toi en exemple l'image de Dieu ; Si tu t'y absorbes intérieurement avec attention, et si tu persévères dans sa contemplation avec les yeux du cour, crois-moi, mon fils, tu trouveras le chemin du ciel. Et mieux : l'image de Dieu elle-même te conduira sur ce chemin. Cette image, si l'on se tourne intérieurement vers elle, a ceci de particulier qu'elle retient prisonnier en son pouvoir ceux qui se sont tournés vers elle et, comme l'aimant attire le fer, qu'elle les attire vers le haut.

VIII. Hermès à son fils Tat : Le Dieu invisible est des plus manifeste

1. Hermès : De ce qui va suivre, ô Tat, tu auras l'explication détaillée afin que tes yeux s'ouvrent aux mystères de Dieu, lequel est au-dessus de tout nom. Par la contemplation intérieure, comprends comment lui qui paraît invisible au commun des mortels te deviendra des plus manifeste.

2. Car il ne serait pas vraiment s'il n'était pas invisible. Car tout ce qui est visible, un jour s'est formé, un jour s'est manifesté.

3. L'imperceptible est de toute éternité, car il n'a pas besoin de se manifester : il est éternel et fait se manifester toutes choses.

4. Il rend tout manifeste sans se manifester lui-même ; il crée sans être créé lui-même ; il ne se montre sous aucune forme perceptible mais confère à toute chose une forme perceptible.

5. Car seul ce qui est créé a une apparence perceptible. Naître, devenir n'est rien d'autre qu'entrer dans le visible.

6. Le Seul-qui-ne-soit-pas-né est donc aussi invisible que dépourvu d'apparence perceptible ; mais comme il donne forme à toutes choses, il est visible par tout et en tout, de préférence à ceux à qui il veut se manifester.

7. C'est pourquoi, Tat, mon fils, prie d'abord le Seigneur, le Père, le seul, celui qui n'est pas l'unique mais l'origine de l'unique, de t'accorder de pouvoir contempler ce Dieu d'une grandeur si indicible, bien qu'il n'ait encore fait briller sur ta conscience qu'un seul de ses rayons.

8. Seule la conscience de l'âme voit l'invisible parce qu'elle est elle-même invisible.

9. Si tu le peux, ô Tat, tu verras le Seigneur avec les yeux de ton âme-esprit car il se montre à profusion dans l'univers entier.

10. Es-tu en état de voir la conscience de ton âme, de la saisir de tes mains et de contempler, émerveillé, l'image de Dieu ? Alors, si ce qui est en toi est invisible pour toi, comment Dieu serait-il visible en toi à tes yeux de chair ?

11. Si tu veux le voir, tourne tes pensées vers le Soleil, vers la course de la Lune, vers la marche ordonnée des étoiles.

12. Qui maintient cet ordre ? Car tout ordre est strictement déterminé par le nombre et la position.

13. Le Soleil, le plus grand des dieux du firmament, à qui tous les dieux du ciel font place avec respect comme à leur roi et maître, indiciblement grand, plus grand que la terre et la mer, tolère que des étoiles plus petites se déplacent au-dessus de lui. Par respect ou par crainte de qui, mon fils ?

14. Toutes ces étoiles ne tracent-elles pas dans le firmament un semblable et même chemin ? Qui déterminera pour chacune la nature et la grandeur de sa course ?

15. Vois la Grande Ourse qui tourne autour de son axe propre et entraîne dans sa rotation le firmament tout entier. À qui appartient ce mécanisme ? Qui fixa à la mer ses limites ? Qui donna à la terre son fondement ?

16. C'est, ô Tat, le Créateur et Seigneur du tout. Aucun lieu, aucun nombre, aucune mesure exprimant l'ordre cosmique ne pourraient exister sans lui, qui leur a donné forme. Chaque ordre est le résultat d'une activité créatrice. L'absence de celle-ci se démontre dans ce qui n'a ni ordre ni mesure.

17. Or même cela ne peut exister sans lui, mon fils. Car si l'essence de l'ordre manque au désordre, le désordre n'en est pas moins soumis à celui qui n'y a pas encore établi son ordre.

18. Ô s'il pouvait t'être donné de t'élever dans l'air comme si tu avais des ailes et là, entre ciel et terre, de contempler le corps stable de la terre, le mouvement immense de la mer, le courant des rivières, la libre mobilité de l'air, la violence du feu, la marche des étoiles, la course du ciel et, tout autour, la révolution de l'univers.

19. Quelle grâce plus grande, mon fils, que cette contemplation quand l'homme perçoit tout cela au-dedans de lui comme dans un éclair : comment l'immuable est mis en mouvement et l'invisible rendu manifeste par les ouvres et dans les ouvres qu'il exécute. Tel est l'ordre de la création, et la création est la louange de l'ordre.

20. Si tu peux aussi percevoir Dieu dans les créatures mortelles et par les créatures mortelles qui sont sur la terre ou dans les profondeurs, réfléchis, mon fils à la manière dont l'homme se forme dans le sein de sa mère ; étudie avec soin l'art d'une telle formation et apprends qui est l'artisan de cette belle et divine image de l'homme.

21. Qui a modelé la sphère des yeux ? Qui a bordé les ouvertures des narines et des oreilles ? Qui a ouvert la bouche ? Qui a tendu le réseau des muscles et des nerfs et l'a fixé dans le corps ? Qui a posé les canaux des veines ? Qui a donné la dureté des os ? Qui a recouvert la chair de peau ? Qui a séparé les doigts ? Qui a élargi la plante des pieds ? Qui a creusé les voies de sortie ? Qui a dilaté le foie ? Qui a placé la rate ? Qui a donné au cour sa forme pyramidale ? Qui a rendu les poumons poreux ? Qui a fait sa place a la cavité du ventre ? Qui a mis en évidence les parties nobles et caché les parties honteuses ?

22. Vois quel art et quelle diversité de méthodes pour une seule matière, combien de chefs-d'oeuvre rassemblés en une seule ouvre ; le tout d'une extrême beauté, aux proportions parfaites et d'une diversité relative.

23. Qui a fait toutes ces choses ? Quelle autre Mère, quel autre Père que le Dieu invisible, a tout façonné selon sa volonté ?

24. Personne ne prétend qu'il y ait une statue ou une peinture sans sculpteur ou sans peintre : et cette création serait venue à l'existence sans Créateur , Ô suprême aveuglement, ô perte totale de Dieu, ô fermeture extrême !

25. Ô Tat, mon fils, ne conteste jamais au Créateur l'ouvre de ses mains. Donne-lui un nom meilleur et plus fort que Dieu pour exprimer sa grandeur : Père de toutes choses. L'état de Père revient à lui seul, oui, c'est en vérité son acte de manifestation.

26. Et s'il faut le dire de façon encore plus hardie : sa nature est de féconder et d'engendrer toutes choses ; et de même que sans Créateur rien ne peut venir à l'existence, de même le Créateur de l'éternité ne serait pas s'il ne créait pas

éternellement : dans le ciel, dans l'air, sur terre, dans les profondeurs, dans toutes les parties de l'univers, dans le tout entier, dans ce qui est et dans ce qui n'est pas.

27. Il n'est rien dans l'univers entier qu'il ne soit. Il est aussi bien ce qui est que ce qui n'est pas. Car tout ce qui est, il le manifeste et tout ce qui n'est pas, il le contient en lui.

28. Lui, Dieu, est au-dessus de tout nom ; lui, l'invisible, pourtant des plus manifeste ; lui que voit l'âme-esprit mais que les yeux perçoivent aussi. Lui, l'incorporel, qui a beaucoup de corps, tous les corps plutôt : car il n'est rien qu'il ne soit, car il est tout ce qui est. C'est pourquoi il a donc aussi tous les noms puisqu'ils proviennent de l'unique Père. C'est pourquoi il n'a donc aucun nom puisqu'il est le Père de tout.

29. Qui peut te louer assez haut et selon ton mérite ? Où se tourneront mes yeux pour te louer ? en haut, en bas, en dedans, en dehors ? Il n'y a nulle voie, nul lieu, pas la moindre créature qui soit hors de toi ; tout est en toi, tout vient de toi. Tu donnes tout et tu ne prends rien : car tu possèdes tout, et il n'y a rien qui ne t'appartienne.

30. Quand chanterai-je ta louange ? Car on ne peut saisir ni ton temps ni ton heure.

31. Et pour quelles choses chanterai-je ta louange ? Pour ce que tu as créé ou pour ce que tu n'as pas créé ? Pour ce que tu as manifesté ou pour ce que tu tiens caché ?

32. Et avec quoi chanterai-je ta louange ? Comme si une chose m'appartenait, comme si je possédais une chose en propre, comme si j'étais un autre que toi !

33. Car tu es tout ce que je puis être, tu es tout ce que je puis faire. Tu es tout ce que je puis dire. Tu es tout et il n'y a rien que toi.

34. Tu es même ce qui n'est pas. Tu es tout ce qui est né, et tout ce qui n'est pas né. Esprit, quand c'est l'âme-esprit qui te contemple ; Père, quand tu donnes forme à l'univers entier ; Dieu, quand tu te révèles force active universelle, le bien, parce que tu as façonné toutes choses.

35. La matière la plus subtile est l'air, l'air le plus subtil est l'âme, l'âme la plus subtile est l'esprit, l'esprit le plus subtil est Dieu.

IX. Que rien de ce qui existe véritablement ne se perd

Que rien de ce qui existe véritablement ne se perd, mais que c'est par erreur que l'on appelle les changements morts et anéantissement.

1. Hermès : Parlons maintenant, mon fils, de l'âme et du corps, de la façon dont l'âme est immortelle et de la nature de la force de cohésion et de dissolution du corps.

2. Car la mort n'a rien à voir avec ces choses ! La mort, la mortalité, n'est qu'une fiction, un concept découlant du mot immortalité, dont on a laissé tomber la première syllabe. Ainsi donc, de mortalité, il n'est plus question.

3. Car la mort est anéantissement : or rien de ce qui est dans le monde n'est anéanti. En effet, le monde est le deuxième Dieu, un être immortel, il est exclu que la petite partie de cet être immortel périsse : tout dans le monde fait partie du monde et surtout l'homme, l'être pourvu d'intelligence.

4. En vérité, en premier et au-dessus de tout est Dieu : l'Éternel, le Non-créé, le Créateur de toute chose ; le deuxième Dieu, le Monde, est créé par lui à sa ressemblance, entretenu et nourri par lui, doté d'immortalité puisque ceux qui sont issus du Père éternel possèdent la vie éternelle en tant que créatures immortelles.

5. Il faut bien distinguer la vie éternelle de ce qu'est l'Éternel. En effet, l'Éternel n'est pas issu d'un autre être. Et se serait-il formé, ce serait de lui-même. Il ne s'est jamais formé mais se crée lui-même dans un éternel devenir. Ainsi l'univers est-il éternellement vivant de par l'Éternel, mais le Père est éternel de par lui-même : le monde est donc éternellement vivant et divin grâce au Père.

6. De toute la substance matérielle à cela destinée, le Père façonna le corps du Monde ; il lui donna une forme sphérique, détermina les qualités dont il l'orna, et lui conféra une matérialité éternelle puisque la substance matérielle était divine.

7. En outre, après que le Père eut répandu les qualités des espèces dans la sphère, il les enferma comme dans une caverne, voulant orner sa création de toutes les qualités.

8. Il enveloppa d'éternité le corps entier de la terre pour que la substance matérielle ne retournât pas au chaos qui lui est propre, au cas où elle voudrait rompre avec la force de cohésion du corps.

9. Lorsque la substance matérielle ne formait pas un corps, mon fils, elle était désordonnée. Et elle en possède toujours quelques traces dans son pouvoir de croître et décroître que l'homme appelle la mort.

10. Ce désordre, ce retour au chaos, ne se produit que chez les créatures terrestres ? Les corps des êtres célestes gardent l'ordre unique que le Père leur a donné dès l'origine ; et cet ordre est maintenu indestructible par le retour d'eux à l'état de perfection.

11. Le retour des corps terrestres dans leur état précédent consiste dans la dissolution de la force de cohésion, force qui retourne aux corps indestructibles, c'est-à-dire aux corps immortels. Ainsi y a-t-il perte de la conscience sensorielle mais non destruction des corps.

12. Le troisième être vivant, l'homme, formé à l'image du monde, qui à la différence des autres animaux possède l'intelligence selon la volonté du Père, n'est pas seulement lié par affinité au deuxième Dieu, mais approche aussi en une contemplation intérieure, l'être du premier Dieu : car il perçoit le deuxième Dieu avec les sens comme être corporel, tandis que sa vision intérieure lui fait connaître le premier Dieu comme être incorporel, comme esprit, comme le bien.

13. Tat : Cet être vivant n'est donc pas anéanti ?

14. Hermès : Que tes paroles soient bonheur et joie, mon fils, et comprends ce qu'est Dieu, ce qu'est le monde, ce qu'est un être immortel et ce qu'est un être soumis à la dissolution ; et vois : le monde, né de Dieu ; et Dieu, la source du tout, tient tout enfermé en lui et garde tout en lui.

X. Le bien ne se trouve qu'en Dieu et nulle part ailleurs

1. Hermès : Le Bien, Asclépios, n'est nulle part ailleurs qu'en Dieu ; plutôt, Dieu est de toute éternité le Bien. En conséquence le Bien est nécessairement la base et l'essence de tout mouvement et de tout devenir : rien n'existe qui en soit dépourvu. Le Bien est entouré d'une Force statique de Manifestation, en équilibre parfait : la Plénitude totale, la Source Universelle, l'Origine de toutes choses. Car lorsque je nomme "Bien" ce qui suffit à tout, j'entends le Bien éternel et absolu.

2. Or cette propriété n'est à personne d'autre qu'à Dieu. Car il n'est rien qui lui manque, de sorte qu'un désir de possession ne peut l'avilir ; il n'est rien qu'il saurait perdre et dont la perte puisse l'affliger (car souffrance et douleur font partie du mal) ; il n'est rien de plus fort que Lui et qui puisse lutter contre Lui (car plus qu'il n'est conforme à Son essence qu'il soit possible de lui faire injure) ; rien ne Le surpasse en beauté et ne peut donc l'enflammer de l'amour des sens ; rien ne peut Lui refuser obéissance et ainsi exciter son courroux ; il n'est rien qui soit plus sage que Lui et qui puisse éveiller Son envie.

3. Aucun de ces mouvements émotionnels ne se trouvant donc dans l'Être Universel, il n'y a rien en Lui que le bien. Et de même qu'aucune autre propriété ne se trouve en un tel Être, de même le Bien ne se trouve en personne d'autre.

4. Car toutes les autres propriétés se trouvent dans tous les êtres, petits ou grands, en chacun d'une manière particulière et même dans le Monde, le plus grand et le plus puissant de toute la vie manifestée : or tout ce qui est créé est plein de souffrance puisque la génération même est une souffrance. Là ou est la souffrance (pathos), le Bien est incontestablement absent. Là ou est le Bien, aucune souffrance n'existe, incontestablement. Car la où est le jour, il n'y a pas de nuit et là où est la nuit , il n'y a pas de jour. C'est pourquoi le Bien ne réside pas dans le créé mais seulement dans l'incréé. Mais la matière de toutes choses étant une part de l'incréé, elle est aussi, comme telle, une part du Bien. En ce sens le Monde est bon : en tant qu'il produit aussi toutes choses, comme tel il est bon. Mais sous tous les autres rapports il n'est pas bon : parce qu'il est lui aussi sujet à la souffrance, qu'il est changeant et qu'il est Mère de créatures soumises à la souffrance.

5. Quant à l'homme, il arrive à des normes de bonté par comparaison au mal. Car ici-bas ce qui n'est pas trop mauvais vaut comme bon, et ce qui est jugé bon est un moindre mal. Il est donc impossible que le bien, ici-bas, ne soit pas entaché de mal. Le bien , ici-bas, est toujours touché par le mal et cesse d'être le bien. C'est ainsi que le bien dégénère en mal. Donc le bien est en Dieu seul, oui, Dieu est le bien.

6. Chez les hommes, Asclépios, le bien n'existe que de nom et nulle part en tant que réalité : ce qui serait d'ailleurs impossible. Car le Bien ne peut trouver de place dans un corps matériel en proie de tous côtés aux tourments, aux tensions insupportables, aux douleurs et aux désirs, aux instincts, aux erreurs et aux perceptions des sens.

7. Mais le pire, Asclépios, c'est que tout ce vers quoi les choses que j'ai citées poussent les hommes, est considéré ici-bas comme le plus grand bien et non comme le mal extrême. Le désir instinctif du ventre, cause de toutes les actions mauvaises, voilà l'erreur qui, ici-bas, nous tient éloignés du Bien.

8. C'est pourquoi je remercie Dieu de ce qu'Il a révélé à ma conscience la connaissance du Bien, qu'il est impossible de trouver dans le monde. Car le monde est empli de la

plénitude du mal, comme Dieu de la plénitude du Bien, ou le Bien de la plénitude de Dieu.

9. Autour de l'Essence divine rayonne la Beauté qui, en vérité, habite l'être de Dieu en pureté suprême et immaculée. Osons le dire, Asclépios, l'être de Dieu, s'il est permis d'en parler, c'est le Beau et le Bien.

10. Le Beau et le Bien ne se trouvent pas en ceux qui sont dans le monde. Toutes choses perceptibles à l'oil sont des apparences, semblables à des ombres. Mais tout ce qui échappe aux sens approche le mieux l'essence du Beau et du Bien. Et l'oil, de même qu'il n'a pas le pouvoir de voir Dieu, ne voit pas non plus le Beau et le Bien. Le Beau et le Bien sont, en toute perfection, une partie de Dieu, de Lui et de lui seul en propre, inséparables de Son Essence et l'expression du plus haut Amour de Dieu envers Dieu.

11. Si tu peux comprendre Dieu, tu comprendras aussi le Beau et le Bien, dans la suprême splendeur de leur rayonnement, entièrement illuminés par Dieu. Car cette Beauté est incomparable, cette Bonté, inimitable, comme Dieu lui-même. Dans la mesure où tu comprends Dieu, tu comprends aussi le Beau et le Bien. Ils ne peuvent se transmettre à d'autres êtres parce qu'ils sont inséparables de Dieu.

12. Quand tu cherches Dieu, tu cherches également le Beau. Car il n'y a qu'une seule voie qui puisse y revenir : une vie d'action au service de Dieu à la main de la Gnose.

13. De là vient que ceux qui sont sans Gnose et ne suivent pas le Chemin fructueux en Dieu, osent nommer l'homme beau et bon, lui qui n'a jamais vu, même en rêve, ce qu'est le Bien, lui qui est sous l'emprise de toutes espèces de mal, qui prend le mal pour le bien, qui s'empare du mal sans jamais s'en rassasier, craignant qu'on le lui dérobe et luttant de toutes ses forces pour le conserver, et même l'augmenter.

14. Ainsi en est-il, Asclépios, de la bonté et de la beauté humaines. Nous ne pouvons ni les fuir ni les haïr, car le plus dur est qu'elles nous sont nécessaires et que nous ne saurions vivre sans elles.

XI. De l'intellect et des sens

1. Hermès : Hier, Asclépios, j'ai apporté la parole de la maturité. Et à ce propos je juge maintenant nécessaire de parler en détail de la perception sensorielle. On pense qu'il existe une différence entre la perception sensorielle et l'activité intellectuelle, que l'une serait matérielle et l'autre, spirituelle.

2. Mais je suis d'avis que les deux sont étroitement liées et nullement distinctes, tout au moins chez l'homme : car si, chez l'animal, la perception sensorielle est liée à la nature, chez l'homme, l'intellect l'est également.

3. Entre le pouvoir de penser et l'intellect, il y a le même rapport qu'entre Dieu et la nature divine. Car la nature divine est créée par Dieu et l'activité de l'intellect l'est par le pouvoir de penser associer à la Parole.

4. Ou plutôt : l'activité de l'intellect et la Parole sont l'instrument l'un de l'autre : car la Parole ne s'énonce pas sans activité de l'intellect et l'activité de l'intellect ne se manifeste pas sans la Parole.

5. La perception sensorielle et l'activité de l'intellect pénètrent donc simultanément dans l'homme, comme enlacées l'une à l'autre. Car il n'y a pas d'activité de l'intellect sans perceptions sensorielles, ni de perception sensorielle sans activité de l'intellect.

6. Cependant on peut concevoir l'activité de l'intellect sans perception sensorielle directe, comme les représentations qui ont lieu en rêve.

7. Je suis d'avis que ces deux activités, quand elles sont excitées, s'éveillent à l'apparition des images du rêve.

8. Car le corps astral et le corps matériel interrogent la perception. Et lorsque ces deux parties de la perception s'associent, la pensée, évoquée par l'intellect, s'exprime par la conscience.

9. L'intellect enfante toutes les images de la pensée : les bonnes quand il reçoit les semences de Dieu, les impies quand elles proviennent de l'un des démons. Car il n'y a nul lieu au monde où les démons ne soient, j'entends les démons privés de la lumière de Dieu ? Ils s'insinuent en l'homme et y sèment les germes de leur propre activité ; l'intellect est fécondé par cette semence et engendre : impudicité, crime, irrespect filial, sacrilège, impiété, suicide par pendaison ou en se jetant du haut des rochers et une foule d'autres choses, qui sont l'ouvre des démons.

10. Quant aux semences de Dieu, elles sont moins nombreuses mais grandes, belles et bonnes ! Ce sont la vertu la Tempérance et la Béatitude en Dieu. La Béatitude en Dieu, c'est la Gnose, la Connaissance qui est de Dieu et en Dieu. Qui possède cette connaissance est rempli de tout le Bien et reçoit de Dieu ses pensées, très différentes de celle de la foule.

11. De là vient que ceux qui marchent dans la Gnose ne plaisent pas à la foule et que la foule ne leur plaît pas. Ils sont considérés comme insensés, objet de moquerie et de raillerie, haïs et méprisés, parfois même mis à mort. Car, je l'ai dit, c'est ici-bas que le mal doit habiter parce que c'est ici-bas qu'il est né. Aussi la terre est-elle son domaine et non le Monde, comme le prétendent certains blasphémateurs.

12. Mais celui qui se tient devant Dieu dans le respect et l'amour, supportera tout parce qu'il a part à la Gnose. Tout lui devient bon, même ce qui est mauvais pour autrui. Et si on lui dresse des embûches, il donne tout en offrande à la Gnose et fait, à lui seul, tourner le mal en Bien.

13. Je reviens maintenant à mon discours sur la perception. Le propre de l'homme est donc l'association entre perception et intellect. Mais, je l'ai déjà dit, tout homme ne fait pas forcément fructifier son intellect ; en effet, il y a l'homme matériel et il y a l'homme véritable, spirituel. L'homme matériel lié au mal, reçoit des démons, ai-je dit, le germe de ses pensées. L'homme spirituel, lié au Bien, est sauvé par Dieu dans son salut.

14. Dieu, le Démiurge de l'Univers, façonne toutes Ses créatures à Sa ressemblance. Mais celles-ci, bonnes selon leur principe, mésusent de leur force active. De là le tribut que doit payer la terre qui, broyant tout, produit des espèces aux caractères divers, souillant les unes par le mal, purifiant les autres par le Bien. Car, asclépios, le Monde possède lui aussi un pouvoir de perception et un pouvoir de penser, non pas à la manière des hommes, ni aussi diversifiés, mais supérieurs, plus simples et plus vrais.

15. Car la perception et le pouvoir de penser du Monde, outil créé à cette fin par la volonté de Dieu, donnent forme à toutes choses et les font disparaître ensuite eux-mêmes afin que, gardant en Eux toutes les semences reçues de Dieu, ils créent toutes choses conformément à leur tâche et vocation propres, et, les dissolvant à nouveau, les renouvellent toutes ; c'est pourquoi, en habiles Jardiniers de la Vie, Ils les renouvellent après les avoir dissoutes en les faisant se manifester différemment.

16. Il n'est rien qui, du monde, n'ait reçu la vie. en même temps que le Monde fait tout venir à l'existence, Il emplit tout de vie. Il est à la fois le lieu et le créateur de la vie.

17. Les corps sont constitués de matières de nature diverse : Partie de terre, partie d'eau, partie d'air, partie de feu. Tous sont des corps plus ou moins composés ; les plus complexes sont les plus lourds, les plus simples les plus légers.

18. La vitesse de manifestation des formes produit ici-bas la variété bigarrée de ces espèces ; car le souffle continuellement actif du monde transmet sans cesse aux corps de nouvelles propriétés ainsi que la plénitude de la vie.

19. C'est ainsi que Dieu est le Père du Monde, et le créateur de tout ce qu'il contient ; le monde est le fils de Dieu, et tout ce qui est dans le Monde est formé par le Monde.

20. Aussi le Monde est-il à juste titre appelé "Cosmos", c'est-à-dire : ordre, parure, ornement ; en effet il ordonne l'Univers et l'orne grâce à la diversité du créé, à la continuité de la vie, à l'ardeur infatigable de la force de manifestation, à la diligence du Destin, à la combinaison des éléments et à l'ordonnance de tout ce qui vient à l'existence. Le Monde est donc appelé "Cosmos" tant en raison de ses lois fondamentales que de sont ordonnancement.

21. Ainsi, chez tous les êtres vivants, la perception et l'activité de l'intellect pénètrent en eux de l'extérieur, comme sur le souffle qui les entoure. Mais le Monde les a reçus de Dieu une fois pour toutes à Sa naissance.

22. Dieu n'est pas, comme certains le pensent, dépourvu de perception et d'intellect. Ceux qui le disent lui font injure par un faux respect. Car toutes les créatures, Asclépios, sont en Dieu ! Elles sont formées par Dieu et dépendent de Lui : qu'elles se manifestent comme corps matériels, qu'elles s'élèvent comme être-âmes, qu'elles

soient vivifiées par l'Esprit ou admises dans le domaine des morts, toutes sont en Dieu.

23. Ou plutôt : Dieu ne contient pas en Lui toutes les créatures, Il est Lui-même toutes les créatures ! Il ne Se les adjoint pas de l'extérieur, mais c'est de son Être propre qu'il les procrée et Lui-même qu'il les fait se manifester.

24. Et la perception et le pouvoir de penser de Dieu c'est le mouvement perpétuel de l'Univers ; et jamais il n'arrivera que la moindre chose existante, c'est-à-dire que la plus infime partie de Dieu, ne se perde. Car Dieu contient tout en Lui ; Rien n'est en dehors de Lui, et Il est en tout.

25. Si tu peux concevoir ces choses, Asclépios, tu les reconnaîtras comme vraies ; si tu ne les comprends pas, elles te paraîtront peu dignes de foi. Car comprendre vraiment, c'est posséder la Foi Vivante, tandis que manquer de Foi, c'est manquer de pénétration intérieure. Ce n'est donc pas l'intellect qui atteint la Vérité, mais c'est l'Âme reliée à l'Esprit qui a le pouvoir, une fois guidée dans cette voie par l'intellect, d'avancer en hâte vers la Vérité ; et quand, dans une vision universelle, Elle médite sur l'Univers entier et découvre combien tout est conforme à ce que l'intellect éclairé par la pénétration intérieure lui suggérait, sa Foi s'élève jusqu'à la Connaissance, et dans ce sublime savoir de la foi, Elle trouve son repos.

26. À ceux qui saisissent intérieurement les paroles que j'énonce ici, et qui sont de Dieu, elles seront objets de foi ; mais à ceux qui manquent de compréhension vivante, elles seront objets d'incrédulité.

Voilà ce que j'avais à dire sur l'intellect et les sens.

XII. La clé d'Hermès Trimégiste

1. Hermès : Hier je t'ai exposé mes réflexions, Asclépios, et il est juste que je consacre celles d'aujourd'hui à Tat car elles sont la synthèse des explications plus générales que je lui avais données.

2. Dieu, le Père et le Bien ont la même nature ou plutôt la même force active.

3. Car le mot "nature" englobe tout ce qui naît à l'existence et croît selon la volonté de Dieu, aussi bien les choses mobiles et changeantes que les choses immobiles et immuables ; les choses divines que les choses humaines.

4. La force active des choses divines et des choses humaines est cependant différente comme nous l'avons démontré ailleurs ; ne perds jamais cela de vue.

5. Car Sa Volonté est la Force active divine et son Principe est le Désir de donner l'existence à toutes choses. En effet, qui est Dieu, le père, le Bien, sinon la raison d'être de toutes choses, même de celles qui n'existent pas encore ? En vérité : la raison d'être de l'univers. Tel est dieu, le père, le Bien, et aucun autre nom ne peut lui être donné. Car si le Monde et le Soleil sont les communs procréateurs des êtres vivants, ils ne le sont cependant pas dans la même mesure que Dieu, Cause du Bien et de la vie. Et pour autant qu'ils sont la cause pleine et entière, ils le sont exclusivement par l'inéluctable action de la volonté du Bien, sans laquelle rien ne peut exister ou venir à l'existence.

6. Le Père est la Cause de ses enfants, de leur naissance, de leur croissance et de leur développement, et ceux-ci reçoivent du Soleil le désir du Bien. Car le Bien est l'artisan de l'univers. On ne peut dire ceci de personne d'autre que de lui, qui ne reçoit jamais rien, mais désire que tout existe.

7. Je ne dis pas, O Tat, "qui fait toute chose". Car celui qui fait quelque chose varie parfois par instabilité quant à la qualité et à la quantité, ou tantôt fait une chose et tantôt une autre tout à fait différente. Cependant, Dieu, le père, le Bien, est lui-même l'existence de l'univers.

8. Pour qui est capable de voir, il en est donc ainsi :
Dieu veut l'existence et Il est l'existence. Et tout ce qui est, Tat, n'existe que pour une seule raison : que le Bien se fasse connaître conformément à la nature de son principe.

9. Tat : O Père, tu nous as si totalement comblés de cette belle et merveilleuse vision que l'oil de mon cour tourné vers elle approche la sanctification.

10. Hermès : Assurément, car une telle vision intérieure du bien n'est pas comme le rayonnement fulgurant du soleil, dont la lumière aveugle et contraint de fermer les yeux. La méditation intérieure illumine, et d'autant plus qu'on devient davantage réceptif au courant des rayons offrant la compréhension. Elle agit avec une grande force au plus profond de nous et ne nous portera jamais tort, tout emplie qu'elle est de divin.

11. Ceux qui peuvent puiser à une telle vision intérieure s'absorbent souvent dans de merveilleuse contemplation, le corps totalement immobile, tels nos ancêtres Ouranos et Kronos.

12. Tat : Puisse-t-il en être de même pour nous, Père !

13. Hermès : Que Dieu te l'accorde, mon fils. Quant à nous, nous ne sommes pas encore parvenus à cette contemplation. Nous ne sommes pas encore capables d'ouvrir les yeux de notre Noùs et d'entrer dans la contemplation de l'immuable et inimaginable beauté du Bien. Tu ne la verras pas avant d'avoir désappris à parler d'elle : car la Gnose du bien est silence divin comme apaisement de tous les sens.

14. Qui l'a trouvée une fois ne peut plus s'intéresser à autre chose. Qui l'a une fois contemplée n'a plus d'yeux pour rien d'autre, n'a plus d'oreilles pour rien d'autre ; car son corps même partage l'immuabilité. En effet, toutes perceptions et incitations du corps ayant disparu, il demeure en repos.

15. Lorsque la Gnose illumine toute la conscience, Elle enflamme de nouveau l'Âme entière et l'élève en la détachant du corps. Ainsi transforme-t-elle l'homme entier en lui transmettant sa nature fondamentale. C'est que la divinisation de l'âme qui accompagne la vision de la beauté du Bien, ne peut s'accomplir dans le corps mortel.

16. Tat : Qu'entends-tu par divinisation, Père ?

17. Hermès : Chaque âme isolée subit des changements, mon fils.

18. Tat : Et que signifie "isolée" ?

19. Hermès : N'as-tu pas appris par mes explications générales que toutes âmes qui tournoient partout dans le monde, comme si chacune avait été semée à une place assignée, se sont détachées de l'Âme universelle ? Ces âmes subissent de nombreuses transformations, tantôt dans une élévation pleine de grâce, tantôt en sens contraire.

20. Celles qui rampent se changent en habitants des eaux, les habitants des eaux en habitants de la terre, les habitants de la terre en habitants de l'air et les habitants de l'air en hommes. Enfin les hommes entrent dans l'immortalité en se changeant en Démons et en s'élevant dans le chour des Dieux.

21. Il y a deux chours des dieux ; le chour des dieux mobiles ou changeants, et le chour des dieux immobiles ou immuables.

22. Ce dernier état est la plus parfaite et la plus haute gloire de l'âme.

23. Si l'âme qui est entrée dans un corps humain demeure dans le péché, elle ne goûte pas l'immortalité et n'a aucune part au Bien, mais elle revient précipitamment en arrière sur le chemin du retour à l'état de bête rampante. Tel est le châtiment de l'âme qui pêche.

24. Le mal de l'âme est son ignorance. Son manque de Gnose, la Connaissance qui vient de Dieu. Car lorsque l'âme ignore les choses essentielles et leur nature ainsi que le Bien, et qu'en conséquence elle est complètement aveugle, elle est prise au piège et violemment saisie par les passions charnelles.

25. Donc l'âme sous l'emprise du mal est, par manque de connaissance de son propre principe, soumise à un corps étranger indigne de l'homme. Elle peine sous le fardeau du corps, qu'elle ne domine pas mais qui la domine. Tel est le mal de l'âme.

26. La vertu de l'âme, au contraire, est la Gnose, la vivante connaissance de Dieu. Car celui qui possède cette connaissance est bon ; il est consacré à Dieu et déjà divin.

27. Tat : Quel homme est-ce donc, Père ?

28. Hermès : c'est un homme qui parle peu et qui écoute peu.

29. En effet, celui qui passe son temps à tenir ou écouter des discussions combat contre les ombres. Car Dieu, le Père, le Bien, ne se laisse pas exprimer par la parole ni comprendre par l'oreille.

30. Tous les êtres, il est vrai, ont des sens, faute de quoi ils ne pourraient exister, mais la Connaissance vivante de Dieu est nettement distincte de la perception sensorielle ? C'est que la perception sensorielle naît d'influences et d'impressions ayant prise sur nous. Or la gnose est la plénitude de la connaissance, la Connaissance qui est un don de Dieu.

31. Car toute Gnose est immatérielle. Le véhicule dont elle se sert est le Noùs qui, à son tour, a pour véhicule le corps. Ainsi deux activités ont lieu dans le corps : celle qui opère au moyen du Noùs, et celle qui opère au moyen de la matière. Car tout doit naître de l'opposition et de la contradiction. Il ne peut pas en être autrement.

32. Tat : Qui est donc le Dieu matériel ?

33. Hermès : le Monde, lequel est beau et plein d'efficacité mais n'est pas bon. Car il est matériel et très sujet à la souffrance. Il est le premier de tout ce qui est soumis à la souffrance, et second de tous les êtres, mais il n'existe pas par lui-même. Sa genèse a un commencement, mais il est éternel parce que, de part sa nature, c'est un éternel devenir. Et le mobile de cet éternel devenir est la création des qualités et quantités, car tout mouvement de la matière est naissance, devenir.

34. L'Immuabilité divine fait naître le mouvement de la matière de la façon suivante : Le Monde est sphérique, comparable à une tête. I n'y a rien de matériel au-dessus de cette tête, ni rien de spirituel en dessous de ses pieds : tout est matière. Or l'Esprit aussi est sphérique, comme une tête qui est mue à la façon d'une sphère. Dans la tête, tout ce qui touche l'enveloppe à l'intérieur de laquelle se trouve l'âme est immortel, parce que le corps a été pour ainsi dire formé à l'intérieur de l'âme et que l'âme est supérieure au corps. Cependant, tout ce qui est éloigné de cette enveloppe est mortel parce que tenant plus du corps que de l'âme. Ainsi donc, tout ce qui vit, même l'univers, est composé de matière et d'esprit.

35. Le monde est la première créature : Après le monde, l'homme est le deuxième être vivant, mais le premier parmi les mortels. Il a en commun avec les autres êtres vivants l'élément animateur. Non seulement il n'est plus bon, mais il est même dans le mal en raison de son état mortel.

36. Le Monde n'est pas bon parce qu'il est mobile, mais il n'est pas dans le mal parce qu'il est immortel.

37. L'homme est donc doublement dans le mal : parce qu'il est mobile et parce qu'il est mortel.

38. L'âme de l'homme se manifeste de la façon suivante : la conscience dans l'intellect, l'intellect dans la force de désir, la force de désir dans le fluide vital ; le fluide vital se répand par les artères, les veines et le sang, il anime la créature animale et la porte pour ainsi dire.

39. C'est pourquoi certains, pensent que l'âme est le sang. Ils méconnaissent ainsi la nature de l'âme et du sang. Ils ignorent que le fluide vital se retire d'abord dans le corps du désir, qu'ensuite le sang se coagule et que, lorsque les artères et les veines se sont vidées, c'est alors que meurt la créature. Ainsi à lieu la mort du corps.

40. Tout repose sur ce principe, lui-même encore issu du Seul et unique.

41. Ce principe est mis en mouvement afin d'être à son tour le moteur de l'Univers. L'Unique, cependant, est immobile et immuable.

42. Ainsi, il y a donc ces trois : Dieu, le Père, le Bien, le Monde, et l'homme. Dieu contient le Monde, le Monde contient l'homme. Le Monde est fils de Dieu, l'homme est le fils du monde, petit-fils de Dieu pourrait-on dire.

43. Dieu n'ignore pas l'homme ; Il le connaît au contraire parfaitement et veut être connu de lui.

44. Une seule chose libère, sauve et guérit l'homme : la Gnose, la connaissance de Dieu. C'est Elle le chemin de l'ascension de l'Olympe. C'est par Elle seulement que l'âme devient vraiment bonne ; non pas tantôt bonne, tantôt mauvaise, mais Bonne par nécessité intérieure.

45. Tat : Que veux-tu dire par là, O Trimégiste ?

46. Hermès : Pense donc à l'âme d'un enfant, mon fils. Quand la séparation entre elle et le Soi n'est pas encore complète, que le corps est encore petit et n'a pas atteint sa pleine croissance, qu'elle est alors belle à voir ! Elle n'est pas encore souillée par les passions du corps et, dans une grande mesure, elle est encore unie à l'Âme du Monde.

47. Cependant lorsque le corps atteint sa pleine croissance et que l'âme est attirée vers le bas par le fardeau du corps, elle se sépare du Soi et tombe dans l'oubli. Elle ne participe plus alors au Beau et au Bien. Et l'oubli engendre le mal.

48. La même chose arrive à ceux qui quittent le corps terrestre. Lorsque l'âme rentre en elle-même, le souffle vital se retire dans le sang et le moi dans le souffle vital. Mais lorsque l'Ame-Esprit s'est purifiée de ses voiles et, divine de nature, a pris un corps de feu, elle parcourt l'espace entier et abandonne la matière au jugement.

49. Que veux-tu dire, père ? Tu as dit que le Noùs était séparé de l'âme et l'âme du souffle vital, et tu as dit aussi que l'âme était le vêtement du Noùs, et le souffle vital le vêtement de l'âme ?

50. Hermès : Celui qui écoute, mon fils, doit être en union de conscience avec celui qui parle et le suivre dans ses pensées. Son oreille doit même être plus fine et plus rapide que la voix de celui qui parle.

51. Tous ces voiles, mon fils, se constituent dans le corps terrestre. Car il est impossible au Noùs, de par son essence, d'habiter nu un corps terrestre : c'est que le corps terrestre ne peut porter une aussi grande divinité et qu'une Force de cette splendeur et de cette pureté ne peut supporter d'être liée par un attouchement direct à un corps soumis aux passions.

52. C'est pourquoi l'Esprit s'enveloppe dans les voiles de l'Âme ; l'âme qui, à certains égards, est aussi divine, se fait la servante du souffle vital tandis qu'enfin le souffle vital gouverne la créature.

53. Lorsque l'Ame-Esprit s'est détachée du corps terrestre, elle s'enveloppe immédiatement du vêtement qui lui est propre, la robe de Feu, impossible à porter tant qu'elle habitait le corps terrestre. Car la terre ne supporte pas le Feu ; une seule étincelle suffirait à la mettre tout entière en flammes. De là vient que la terre est entièrement entourée d'eau comme d'une sphère, pour la protéger, comme un rempart, contre les flammes du Feu.

54. L'Esprit, la plus rapide de toutes les créations de la pensée divine, a aussi pour corps le plus rapide de tous les éléments : le feu. Car l'esprit, Créateur de toutes choses, utilise le feu comme véhicule pour l'ouvre de la création.

55. La Pensée universelle crée donc l'Univers. La pensée de l'homme crée seulement ce qui est terrestre. Car si le pouvoir de penser de l'homme n'est pas revêtu de feu, il est incapable de donner l'existence à des choses divines et ses véhicules le retiennent dans les limites de l'humain.

56. L'âme humaine (non pas n'importe laquelle, mais l'âme vraiment consacrée à Dieu) est dans un certain sens un bon démon, elle est divine. Lorsqu'une telle âme se sépare du corps après avoir suivi le chemin de la véritable piété. (Chemin qui conduit à la naissance du Divin et à l'abstention de tout préjudice et injustice envers le prochain) elle devient une Ame-esprit parfaite.

57. L'âme impie, au contraire, ne change pas de nature, se réprimande et se punit elle-même, et cherche un nouveau corps terrestre qu'elle puisse habiter ; mais uniquement un corps humain, car aucun autre corps ne saurait abriter une âme humaine. Par décret divin, aucune âme humaine ne doit s'abaisser jusqu'à habiter le corps d'un animal sans raison. Voici en vérité une loi de Dieu qui protège l'âme humaine d'une grande honte.

58. Mais comment l'âme humaine est-elle châtiée, Père ?

59. Hermès : y a-t-il, mon fils un châtiment plus grand que l'impiété pour l'âme humaine ? Quel feu plus dévorant que la flamme de l'impiété ? Quelle bête sauvage tue le corps comme l'impiété mutile l'âme ? Ne vois-tu pas quelle souffrance doit endurer l'âme impie lorsque, implorant de l'aide, elle s'écrie : " je brûle, les flammes me dévorent ! Je ne sais ce que je dois dire ou faire ! Moi, misérable, consumée par les vices qui me gouvernent, je ne vois plus rien, je n'entends plus rien !"

60. Ne sont-ce pas là les cris d'une âme qui subit le châtiment ? Toi, mon fils, tu ne crois tout de même pas, comme la masse, que l'âme après avoir quitté le corps adopte la forme d'un animal ? C'est là une profonde erreur.

61. L'âme est châtiée de la façon suivante : Quand l'esprit devient démon, il est obligé de prendre un corps de feu pour le service de Dieu ; et quand ce démon entre dans une âme profondément impie, il la flagelle avec le fouet des péchés. Sous cette flagellation, l'âme impie se précipite dans tous les vices humains, tels que meurtres, bassesses, blasphèmes, et violences de toutes sortes.

62. Cependant, quand l'esprit pénètre dans une âme pleine de piété, il la conduit vers la lumière de la Gnose ; une telle âme n'est jamais lasse de chanter les louanges de Dieu et, en imitation du Père, de faire du bien à tous les hommes par l'acte et la parole de diverses manières.

63. C'est pourquoi, mon fils, dans tes actions de grâce à Dieu, tu dois prier de recevoir un noble esprit. L'âme s'élève alors vers un bien supérieur et sa chute devient impossible.

64. Il existe une communauté des âmes : Les âmes des Dieux sont en liaison avec celles des hommes, les âmes des hommes commercent avec celles des êtres sans raison. Les êtres supérieurs sont placés au-dessus des êtres inférieurs, Les dieux au-dessus des hommes, les hommes au-dessus des entités dépourvues de raison. Et Dieu prend soins de tous. Car Il se tient au-dessus de tous ; tous Lui sont inférieurs.

65. Ainsi donc, le Monde est soumis à Dieu, l'homme au Monde, et les entités dépourvues de raison à l'homme : et Dieu est au-dessus de tout et de tous et englobe tout dans Sa Sollicitude.

66. Les forces divines se manifestant activement sont les rayons de Son Soleil. Les forces de la nature sont les activités rayonnantes du monde. L'habilité manuelle et le désir de connaissance sont les activités rayonnantes de l'homme.

67. Les forces de rayonnement divines se manifestent par le Monde et agissent sur l'homme au moyen des rayonnements naturels du monde ; les forces de la nature se manifestent au moyen des éléments ; les hommes au moyen de leur habilité manuelle et de leur désir de connaissance.

68. L'Univers est gouverné de la même façon, conformément à l'essence de l'Unique, dont l'Esprit pénètre tout.

69. Il n'est rien de plus sublime et de plus actif que son Esprit, rien qui stimule davantage l'union des hommes avec les dieux, et des dieux avec les hommes. Son Esprit est le Bon Démon. Bienheureuse l'âme tout entière emplie de Lui ; misérable l'âme privée de Lui.

70. Tat : Que veux-tu dire par là, Père ?

71. Hermès : penses-tu, mon fils, que toute âme possède l'Esprit du Bien ? Car c'est de cet Esprit que je parle maintenant, et non de l'esprit inférieur cité précédemment, et que la justice divine abaissa.

72. Sans l'Esprit l'âme ne peut ni s'exprimer ni agir. Souvent l'Esprit s'enfuit, alors l'âme ne voit ni n'entend plus rien ; elle est semblable à un animal sans raison, tant est grand le pouvoir virtuel de l'Esprit. Mais l'Esprit ne supporte aucune âme impuissante à comprendre ; il abandonne celle qui est soumise au corps et que le corps prive ici-bas de sa voix.

73. Une telle âme, mon fils, ne possède aucun lien avec l'Esprit : on ne peut plus la qualifier d'humaine. Car l'homme est un être divin qui ne saurait être comparé à aucune créature vivant sur terre, mais seulement aux créatures supérieures, les créatures célestes qu'on appelle dieux.

74. Ou plus justement, si nous osons exprimer la vérité : l'homme qui est un Homme véritable est au-dessus des dieux, il leur est tout au moins parfaitement semblable en pouvoir.

75. En effet, aucun des dieux célestes ne franchira les limites des cieux pour descendre sur terre. L'homme, cependant, s'élève jusqu'au ciel et embrasse son étendue ; il connaît aussi bien la sublimité des cieux que les choses qui sont en dessous. Il

assimile tout avec exactitude, et, par-dessus tout, il n'a pas besoin de quitter la terre pour s'élever dans les cieux. Telle est l'ampleur et l'étendue de ce que sa conscience saisit.

76. C'est pourquoi, osons le dire : l'homme terrestre est un dieu mortel, le dieu céleste est un homme immortel.

77. Et c'est pourquoi : tout se manifeste au moyen de ces deux entités : le Monde et l'homme, mais toutes choses émanent de l'Unique.

XIII. Hermès Trimégiste à Tat : Le Noùs universel ou l'Esprit sanctifiant

1. Hermès : Le Noùs, ô Tat, procède de l'Être même de Dieu, pour autant que l'on puisse parler de l'Être de Dieu ; quoi qu'il en soit, Seul le Noùs se connaît lui-même intégralement.

2. C'est pourquoi le Noùs n'est pas distinct de l'Être de Dieu ; il émane de cette Source, comme la lumière émane du Soleil.

3. Le Noùs des hommes est bon : c'est pourquoi certains hommes sont des dieux ; leur état humain est très proche de l'état divin. Le Bon Démon a donc nommé les dieux, hommes immortels, et les hommes, dieux mortels. Chez les êtres dépourvus de raison, le Noùs est la nature. Là où il y a une âme, il y a un Noùs, de même que partout où il y a la vie, il a une âme. Mais l'âme des êtres dépourvus de raison n'est que vie sans Noùs. Or le Noùs est le Bienfaiteur des âmes humaines, Il les travaille et les forme en vue du Bien.

4. Chez les êtres dépourvus de raison, le Noùs agit en accord avec le caractère naturel ; dans les âmes des hommes, cependant, Il agit en opposition.

5. Souffrance et désir tourmentent l'âme dès son entrée dans le corps ; en effet souffrance et désir se répandent dans le corps densifié comme un feu, où sombre l'âme, submergée.

6. Si le Noùs peut prendre la direction de l'âme, il projette sa lumière sur elle et s'oppose ainsi à ses penchants naturels. De même qu'un bon médecin cautérise ou retranche du corps ce qui est malade, ainsi le Noùs fait souffrir l'âme, en extirpant la convoitise, cause de son état morbide.

7. La grande maladie de l'âme provient de ce qu'elle renie Dieu, de là son penser erroné qui fait naître le mal sans rien susciter de bon. C'est pourquoi, en combattant la maladie, le Noùs redonne le Bien à l'âme comme le médecin rend la santé au corps.

8. Les âmes humaines que ne guide pas le Noùs sont dans la même situation que les animaux dépourvus de raison. En effet, le Noùs agit en accord avec elles et laisse libre cours à leurs désirs, dont la violence les entraîne et les maintient dénuées de raison. Ainsi, comme les êtres dépourvus de raison, ne cessent-elles de s'abandonner à leurs passions et convoitises débridées, et elles ne sont jamais rassasiées de leurs péchés ; or les effets déraisonnables des passions et des désirs sont un mal incommensurable.

9. Dieu a placé ces âmes sous l'implacable rigueur de la Loi, afin qu'elles deviennent conscientes de leur méchanceté.

10. Tat : Tout cela, ô Père, n'est-il pas en contradiction avec ce que tu m'as déjà dit du Destin ? Si un homme est prédestiné à commettre adultère, sacrilège ou tout autre crime, sera-t-il donc puni alors qu'il n'agit que sous l'impérieuse contrainte de la Fatalité ?

11. Hermès : Tout, mon fils, est l'ouvre du Destin et rien de ce qui concerne les choses matérielles, ni bien ni mal, n'advient en dehors de lui. C'est également par le Destin

que quiconque accomplit le beau et le bien en éprouve les conséquences ; c'est pourquoi chacun agit et acquiert l'expérience selon la nature de ses actes.

12. Mais laissons le péché et le Destin, dont nous nous sommes déjà entretenus. Parlons maintenant du Noùs : de ses pouvoirs, de la façon dont il opère différemment dans les hommes et dans les êtres dépourvus de raison, chez qui ses effets bienfaisants ne peuvent se manifester tandis qu'Il éteint les passions et les désirs des hommes. Parmi ces derniers, il faut distinguer ceux qui possèdent le Noùs et ceux qui n'y sont pas reliés. Tous les hommes sont soumis au destin, soumis à la naissance et au changement, qui en sont le commencement et la fin.

13. Tous les hommes subissent donc les impératifs de leur destinée, mais ceux qui suivent la raison et que guide le Noùs ne les subissent pas de la même façon ; comme ils se sont détachés de ce qui est mauvais, ils ne les éprouvent pas comme un mal.

14. Tat : Que veux-tu donc dire, Père : celui qui commet l'adultère n'est-il pas mauvais ? Le meurtrier n'est-il pas mauvais ? Et tous les autres non plus ?

15. Hermès : Mon fils, celui qui a la raison pour guide connaîtra la souffrance liée à l'adultère et à la mort comme l'adultère et le meurtrier bien qu'il ne commette ni adultère ni meurtre. Il est impossible d'échapper au changement non plus qu'à la naissance : mais qui possède le Noùs peut se libérer du mal.

16. C'est pourquoi, mon fils, j'ai écouté de tout temps la parole du bon Démon. S'il l'avait écrite, il aurait rendu un grand service au genre humain. Car Lui seul, mon fils, pénétrant toutes choses comme Fils unique de Dieu, a prononcé des paroles véritablement divines. Ainsi je l'entendis une fois dire que tout le créé est un, en particulier les êtres incarnés, dotés d'intelligence, et que nous vivons d'une force potentielle, d'une force active, et du principe d'éternité. C'est pourquoi le Noùs est bon, de même que l'âme qui en émane.

17. En conséquence, les choses de l'Esprit ne sont divisées, et le Noùs, qui est l'âme de Dieu et règne sur toutes choses, peut accomplir ce qu'Il veut. Réfléchis à cela, et rapporte ce que je viens de dire à la question que tu m'as posée auparavant sur le Destin et le Noùs. Si tu renonces à la vaine polémique, tu comprendras, mon fils, que le Noùs, l'Âme de Dieu, règne en vérité sur tout : sur le Destin, sur la loi, sur le reste, et que rien ne Lui est impossible ; il peut soustraire l'âme humaine au Destin, comme l'y soumettre si elle manque à son devoir. Telles sont les excellentes paroles qu'a prononcées le Bon Démon.

18. Tat : Ce sont des paroles divines, vraies et lumineuses, Père. Mais veuille encore m'éclairer sur ce qui suit : Tu as dis que le Noùs des êtres dépourvus de raison agit selon leur nature et en accord avec leurs instincts. Je pense que l'instinct des êtres dépourvus de raison est passion (pathos). Si le Noùs opère en accord avec les instincts et que ce sont là des passions, le Noùs ne devient-il pas lui aussi passion, puisqu'il est affecté par le pathos ?

19. Hermès : Très bien, mon fils, Ta question est subtile, et il est juste que j'y réponde. Tout ce qui, dans le corps, est immatériel est soumis au pathos (souffrance) et est, au sens strict, lui-même passion (pathos). Tout ce qui engendre le mouvement est immatériel. Tout ce qui est mû est corps. L'immatériel est lui-même mû par le Noùs. et ce mouvement est passion (pathos). Les deux sont donc soumis à la souffrance (pathos), aussi bien ce qui engendre le mouvement que ce qui est mû, le premier parce qu'il impose le mouvement, le deuxième parce qu'il est soumis à l'impulsion du mouvement. Lorsque le Noùs se détache du corps, il se détache aussi de la

souffrance (pathos, passion). Il vaut peut-être mieux dire, mon fils, que rien n'est sans pathos (souffrance), que tout y est soumis. Le terme "pathos" (souffrance) ne correspond en rien à "souffrance subie". Le premier concept est actif, le second est passif. Les corps ont aussi une activité propre. Ou ils sont sans mouvement, ou ils sont mus. Dans les deux cas, il y a pathos (souffrance).

20. L'immatériel, toujours poussé à l'action, est par conséquent soumis à la souffrance. Mais ne te laisse pas tromper par ces mots : force active et pathos (souffrance) sont une seule et même chose. Mais rien n'empêche d'employer le terme le plus exact et le plus approprié.

21. Tat : Père, Ton explication est très claire.

22. Hermès : Pense ensuite, mon fils, que c'est à l'homme seul parmi les êtres mortels que Dieu a fait un double don : le Noùs et la Parole, lesquels équivalent à l'immortalité. Si l'homme emploie ces deux dons de la juste manière, il ne différera en rien des immortels. Mieux, il se libérera du corps et sera, par ces dons, admis au rang des dieux et des bienheureux.

23. Tat : N'y a-t-il pas d'autres êtres vivants qui utilisent la parole, Père ?

24. Hermès : Ils disposent seulement du son, de la voix. La Parole, le langage, diffère beaucoup de la voix, car tous les hommes ont en commun la Parole, mais chaque être vivant a sa propre voix, ou son.

25. Tat : Mais la langue des hommes ne diffère-t-elle pas selon les peuples ?

26. Hermès : Les langues diffèrent en effet, mon fils, mais l'humanité est une. La Parole aussi est une. Lorsqu'elle est traduite d'une langue dans une autre, elle demeure la même, aussi bien en Égypte, en Asie ou en Grèce. Il me semble, mon fils, que tu ne comprends pas encore la merveille et la puissante signification de la Parole. Le Dieu bienheureux, le Bon Démon, a dit que l'âme est dans le corps, que le Noùs est dans l'âme, que la Parole est dans le Noùs, et que Dieu est le Père de tout. La Parole est donc l'Image et le Noùs de Dieu, le corps est l'image de l'Idée et l'Idée est l'image de l'âme.

27. Ainsi ce que la matière a de plus subtil est l'air (l'éther), ce que l'air a de plus subtil est l'âme, ce que l'âme a de plus subtil est le Noùs, et ce que le Noùs a de plus subtil est Dieu.

28. Dieu entoure et pénètre tout, le Noùs entoure l'âme, l'âme entoure l'air (l'éther), l'air entoure la matière.

29. Le Destin, la Providence et la Nature sont des instruments de l'Ordre cosmique et de l'ordonnance de la matière. Tout ce qui est doté d'esprit est principe, et le principe de toute chose est identique. Cependant, chacun des corps qui compose l'Univers est multiple par nature : la caractéristique des corps composés est de conserver invariablement leur essence tandis qu'ils passent d'une forme dans l'autre.

30. De plus, les corps composés ont un nombre qui leur est propre. Sans ce nombre rien ne pourrait être constitué, ni assemblé, ni dissocié ; les unités engendrent le nombre qui rend ces corps multiples, et quand le nombre se décompose, elles réabsorbent les parties constituantes, tandis que la matière demeure simple et une.

31. Eh bien, ce Monde entier, cette grande Divinité à l'image de Celui qui est encore plus grand, qui ne fait qu'un avec Lui et qui garde l'Ordre et la Volonté du Père, est la

plénitude de la vie. Il n'est rien en Lui, soit dans sa totalité, soit en une seule de ses parties, qui n'ait la vie, et cela tout au long de la marche de retour séculaire que le Père a ordonnée. Dans le monde, il n'y eut jamais, il n'y a pas et il ne saurait y avoir une chose comme la mort.

32. Car le Père veut que le Monde soit vivant aussi longtemps qu'il conserve sa cohésion ; c'est pourquoi il est nécessairement Dieu.

33. Comment serait-il possible, mon fils, qu'existât en Dieu, en Lui qui est l'image de l'Univers, en Lui qui est plénitude de la vie, une chose comme la mort ? Car la mort est décomposition, et la décomposition, anéantissement. Comment penser qu'une partie de ce qui est incorruptible puisse se décomposer, ou que quelque chose de Dieu puisse être anéanti ?

34. Tat : Père, les êtres vivants qui sont en Lui et une partie de Lui, ne meurent-ils pourtant pas ?

35. Hermès : ne t'exprime pas ainsi, mon fils, car ce serait te méprendre sur les faits. Les êtres vivants ne meurent pas, mais leurs corps, qui sont composés, se dissocient. Cette dissociation n'est pas la mort mais la fin d'une cohésion. En réalité cette décomposition ne signifie pas destruction mais possibilité d'un avenir nouveau, d'un renouvellement. Car quelle est la force active de la vie ? N'est-ce pas le mouvement ? Et qu'y a-t-il qui soit sans mouvement sur terre ? Rien, mon fils.

36. Tat : Mais alors, tu ne considères pas la Terre comme sans mouvement, Père ?

37. Hermès : Non, mon fils ; elle seule est à la fois multiple dans son mouvement et pourtant durable. Ne serait-il pas risible de supposer que la Mère nourricière de l'Univers, qui fait naître et croître toute chose, soit sans mouvement ?
Car sans mouvement rien ne peut naître. Il est insensé de demander, comme tu le fais, si la quatrième partie du Monde est active, car un corps sans mouvement ne signifie rien d'autre qu'un corps inactif.

38. Sache donc, mon fils que tout ce qui est dans le monde, absolument tout, est mû, soit pour croître, soit pour décroître. Ce qui est en mouvement vit, et la sainte Loi veut que rien de ce qui vit ne demeure semblable à lui-même, donc ne reste inchangé. Car, vu dans sa totalité, le monde est sans mouvement, mais toutes ses créations changent, sans toutefois périr ou être anéanties ; ce sont les mots, les noms qui jettent l'homme dans la confusion et l'inquiétude.

39. Car la vie n'est pas naissance mais conscience, et le changement n'est pas mort mais oubli.

40. Considéré ainsi, tout est immortel : la matière, la vie, le souffle, l'âme, l'esprit, l'intelligence, l'instinct, tout ce qui constitue chaque être vivant.

41. En ce sens, chaque être vivant est immortel, mais plus que tout autre, celui qui est en état de recevoir Dieu et de s'unir à Lui. Car c'est le seul parmi les êtres vivants avec lequel la Divinité commerce. Elle lui prédit l'avenir de diverses façons, la nuit par les songes, le jour par des signes : par les oiseaux, les entrailles, l'air, le chêne, de sorte qu'il est donné à l'homme de connaître le passé, le présent et l'avenir.

42. Sois attentif aussi, mon fils, au fait que chaque être vivant ne séjourne que dans une partie du monde : les habitants de l'eau, dans l'eau, ceux de la terre, sur la terre ferme, les bêtes ailées, dans l'air. L'homme cependant, a commerce avec tous les

éléments : la terre, l'eau, l'air et le feu, et même le ciel. Il entre en contact avec lui et le perçoit avec une connaissance et une compréhension croissantes.

43. Dieu entoure et pénètre tout, car Il est Lui-même aussi bien la force active que la force passive de l'Univers. C'est pourquoi il n'est point difficile de Le comprendre.

44. Si tu souhaites approcher Dieu en pensée, alors contemple l'ordre du monde et sa beauté. Contemple la nécessité de tout ce que tu perçois ainsi, et la Providence qui règne sur le passé et le présent. Vois comme la matière est pleine de vie, et comment le mouvement de cette Divinité ineffable ouvre en tout ce qui est beau et bon : dieux, démons, hommes.

45. Tat : Mais ce sont là les effets d'une force, Père !

46. Hermès : Si ce sont seulement les effets d'une force, mon fils, alors, qui donc la met en ouvre. Une quelconque divinité ? Ne vois-tu pas que, de même que le ciel, la terre, l'eau et l'air sont des parties du monde, de même la vie et l'immortalité, le sang, le destin, la providence, la nature, l'âme, l'esprit sont des aspects de Dieu, et que la pérennité de tout ceci est nommée Bien. Il n'est donc rien, ni dans le présent, ni dans le passé, où Dieu ne soit présent.

47. Tat : Dieu est-il dans la matière, père ?

48. Hermès : Si la matière existait en dehors de Dieu, mon fils, quelle place voudrais-tu lui donner ? Car tant qu'elle n'aurait pas été mise en activité, que serait-elle d'autre qu'une masse confuse ? Et si elle doit être mise en activité, par qui le serait-elle ? Car nous avons dit que les forces actives sont les créations de Dieu. De qui tous les êtres vivants reçoivent-ils la vie ? À qui les immortels doivent-ils leur immortalité ? Qui provoque le changement de tous ce qui est changeant ?

49. Que tu parles de la matière, ou du corps, ou du principe des choses, sache que ce sont-là des effets de la Force de Dieu ; l'effet de la force dans la matière forme la matérialité ; l'effet de la force dans les corps forme le corporel ; l'effet de la force dans le principe, détermine l'essence. Tout ceci est dieu, l'Univers.

50. Il n'est rien dans l'Univers qui ne soit Dieu. C'est pourquoi les concepts de grandeur, de lieu, de propriété, de forme ou de temps ne permettent pas de décrire Dieu ; car Dieu est l'Univers et, en tant que tel, il est tout et renferme tout. Adore cette parole, mon fils et vénère-la : il n'y a qu'une seule religion, qu'une seule façon de servir et d'honorer Dieu, c'est de ne pas faire le mal.

XIV. Entretien secret sur la montagne traitant de la renaissance et de la promesse de silence

1. Tat : dans ton discours général, Père, tu t'es exprimé comme par énigmes et de façon voilée en parlant de la nature divine. Tu ne m'en as rien révélé, disant que personne ne peut être sauvé s'il n'est rené.

2. Mais après les paroles que tu as prononcées en descendant de la montagne, alors qu'en te suppliant je t'interrogeais sur l'enseignement de la renaissance afin que je l'apprenne (car c'est le seul point de l'enseignement que j'ignore), tu m'as promis de me le transmettre dès que je serai détaché du monde.

3. Maintenant je l'ai fait et me suis intérieurement fortifié contre l'illusion du monde. Dès lors daigne donc compléter ce qui me manque, comme tu me l'as promis, et m'instruire sur la renaissance, soit en paroles, soit comme mystère. Car je ne sais, ô Trimégiste, ni de quelle matrice ni de quelle semence naît l'homme véritable.

4. Hermès : De la Sagesse qui pense dans le silence, et de la semence qui est l'Unique Bien, mon fils.

5. Tat : Qui la sème donc, Père ? Car cela m'est totalement incompréhensible.

6. Hermès : La Volonté de Dieu, mon fils.

7. Tat : Et quelle est la nature de celui qui vient à naître, Père ? Car il n'aura part ni à mon être terrestre ni à mon penser cérébral.

8. Hermès : Il renaîtra tout autre. Il sera dieu, un fils de Dieu, tout en tout, et doté de l'ensemble des pouvoirs.

9. Tat : Tu me parles par énigmes, Père, et non comme un père à son fils.

10. Hermès : De telles choses ne s'enseignent pas, mon fils. Mais si Dieu le veut, Il t'en fera lui-même ressouvenir.

11. Tat : Ce que tu me dis, Père, dépasse ma compréhension et me fait violence. C'est pourquoi je n'ai sur ce sujet que cette juste réponse : " Je suis un fils étranger à la race de son père !" Cesse de me repousser, Père, car je suis ton fils légitime ; explique-moi en détail de quelle manière s'opère la renaissance.

12. Hermès : Que te dirai-je, mon fils ? Seulement ceci : Quand je perçus en moi-même une vision indéfinie suscitée par la miséricorde de Dieu, je sortis de moi-même pour me fondre en un corps immortel. Ainsi je ne suis plus celui que je fus un jour, mais j'ai été façonné par l'Ame-Esprit. Or cela ne s'enseigne, ni ne se perçoit avec l'élément matériel permettant à l'homme de voir ici-bas. Voilà pourquoi je ne me soucie plus maintenant de la forme composée qui fut un jour la mienne. Je n'ai plus ni couleur, ni sens, ni mesure : tout ceci m'est étranger.

13. Tu me vois à présent avec tes yeux, mon fils, mais ce que je suis, tu ne saurais le comprendre en me regardant et voyant avec les yeux du corps. En fait, avec ces yeux-là tu ne vois pas, mon fils !

14. Tat : Tu m'as mis dans une grande confusion et rendu très perplexe, Père, car à présent je ne me vois même plus moi-même !

15. Hermès : Dieu t'accorde, mon fils, de sortir aussi de toi-même, comme ceux qui rêvent en dormant mais, dans ton cas, sans dormir.

16. Tat : Dis-moi encore ceci : qui est celui qui opère la renaissance ?

17. Hermès : Le Fils de Dieu, l'Homme unique, selon la Volonté de Dieu.

18. Tat : Maintenant, Père, tu me laisses vraiment muet, car à présent je ne comprends plus rien : en effet, je te vois toujours avec la même forme corporelle, avec la même apparence extérieure.

19. Hermès : Tu fais une erreur là aussi, car la forme mortelle change de jour en jour. Irréelle comme elle est, elle change au cours du temps, augmentant ou diminuant.

20. Tat : Mais qu'est-ce qui est vrai et réel, Trimégiste ?

21. Hermès : Ce qui n'est pas souillé, mon fils, ce qui est illimité, sans couleur, immuable, nu, sans forme, rayonnant, qui seul sonde soi-même, le Bien inaltérable, l'Incorporel.

22. Tat : Cela dépasse mon entendement, Père. Je pensais que tu m'avais rendu sage. Mais toutes ces notions bloquent ma compréhension.

23. Hermès : Il en est ainsi, mon fils, de ce qui se dirige vers le haut comme le feu, ou vers le bas comme la terre, ou s'écoule comme l'eau, ou souffle à travers l'Univers entier comme l'air. Mais comment saurais-tu percevoir par les sens ce qui n'est ni ferme, ni fluide, qui ne peut être ni rassemblé ni saisi, et se conçoit seulement par son pouvoir et par sa force active, chose qui n'est possible qu'à celui qui à une vue profonde de la naissance de Dieu ?

24. Tat : N'en suis-je donc pas capable, Père ?

25. Hermès : Je ne veux pas dire cela, mon fils. Mais rentre en toi-même et cela viendra. Désire-le et cela arrivera. Ramène au silence les activités sensorielles du corps, et la naissance du Divin se réalisera. Purifie-toi des châtiments irraisonnés de la matière.

26. Tat : Ai-je en moi des tortionnaires, Père ?

27. Hermès : Et ils sont en grand nombre, mon fils, un nombre hallucinant !

28. Tat : Je ne les connais pas, Père.

29. Hermès : Cette ignorance elle-même est le premier châtiment, mon fils, le deuxième est le chagrin et la souffrance, le troisième, le manque de mesure, le quatrième, la convoitise, le cinquième, l'injustice, le sixième, l'avarice, le septième, la fausseté, le huitième, la jalousie, le neuvième la ruse, le dixième la colère, le onzième, l'irréflexion, le douzième la méchanceté. Ces châtiments sont au nombre de douze, à la suite desquels s'en trouvent beaucoup d'autres qui, dans la prison du corps, contraignent l'homme, en raison de sa nature, à souffrir de l'activité des sens. Lorsque Dieu a pitié de quelqu'un, ces châtiments diminuent cependant, encore que ce ne soit pas complètement. Et c'est cela qui explique la nature et le sens de la renaissance !

30. Fais maintenant silence, mon fils, écoute avec respect et reconnaissance. La miséricorde divine ne tardera pas à devenir notre partage.

31. Réjouis-toi, mon fils, maintenant les Forces de Dieu te purifient pleinement pour la liaison avec les éléments de la Parole. La Connaissance de Dieu nous parvient et par elle l'ignorance est repoussée. La Gnose de la joie nous parvient et par elle la souffrance fuit. La Force que j'évoque après la Joie est l'Humilité. O Force merveilleuse ! Recevons-la dans l'allégresse, mon fils : vois comme en venant elle chasse le manque de mesure ! En quatrième lieu, je nomme la Maîtrise de soi, la Force qui s'oppose à la convoitise. Et cette étape, mon fils, est le soutien de l'honnêteté : car vois comme sans tarder elle repousse l'injustice. Ainsi nous devenons justes maintenant que l'injustice a disparu. La sixième Force que j'appelle sur nous est celle qui lutte contre l'avarice, à savoir la Bonté, qui se transmet aux autres. Et lorsque la fausseté a disparu, j'évoque encore la Vérité : car la jalousie s'écarte alors de nous et le Bien, accompagné de la Vie et de la Lumière, suit la Vérité ; et aucun châtiment de l'obscurité ne nous affecte plus ; repoussés, en effet, ils fuient à la hâte.

32. À présent, mon fils, tu connais la façon dont s'opère la Renaissance : la venue des dix aspects accomplit la naissance spirituelle et dissipe les douze aspects ; ainsi sommes-nous divinisés par le processus de cette naissance.

33. Tat : À présent que, selon les dispositions divines, j'en suis venu à la contemplation, ces choses ne me deviennent pas visibles par la vision ordinaire, mais grâce au pouvoir des forces reçues. Je suis dans le ciel, sur la terre, dans l'eau, dans l'air. Je suis dans les animaux et dans les plantes. Avant, pendant et après le stade prénatal, oui, partout ! Mais dis-moi encore ceci : comment les dix Forces repoussent-elles les châtiments de l'obscurité, qui sont au nombre de douze ? De quelle manière cela se passe-t-il, Trimègiste ?

34. Hermès : Cette tente que nous avons quittée, est constituée par le Cercle du Zodiaque, qui à son tour comprend douze éléments : c'est une seule nature mais multiforme selon la représentation que s'en fait la pensée trompeuse de l'homme.

35. Parmi ces châtiments, il y en a, mon fils, qui se manifestent ensemble. Ainsi la précipitation et l'irréflexion sont inséparables de la colère. On ne peut même pas les distinguer. Il est donc compréhensible et logique qu'ils disparaissent ensemble quand ils sont chassés par les dix Forces. Car ce sont ces dix Forces, mon fils, qui donnent naissance à l'Âme. La Vie et la Lumière sont unies. Ainsi, de l'Esprit, naît le Nombre de l'Unité. Or, selon la raison, l'Unité contient la Décade, et la Décade, l'Unité.

36. Tat : Père, je vois dans l'Ame-Esprit l'Univers entier et moi-même !

37. Hermès : C'est cela la renaissance, mon fils, on ne peut s'en faire aucune représentation tridimensionnelle. Tu connais et ressens cela maintenant grâce à l'Entretien sur la renaissance que j'ai écrit à ton seul profit, en sorte d'en faire part, non à la foule, mais uniquement à ceux que Dieu a choisis.

38. Tat : Dis-moi, Père, ce nouveau corps composé des dix Forces se désagrège-t-il jamais ?

39. Hermès : Tais-toi, ne dis pas des choses impossibles, car ainsi tu pêcherais et troublerais l'oil de l'Ame-Esprit. Le corps physique doté de sens est très éloigné de celui de la naissance divine fondamentale. Le premier se désagrège, le second est incorruptible ; le premier est mortel, le second est immortel. Ne sais-tu pas que tu es devenu un dieu, un fils de l'Unique, comme moi ?

40. Tat : Père, j'aimerais entendre le Chant de louange que, d'après ce que tu m'as rapporté, tu entendis les Puissances chanter lorsque tu atteignis l'ogdoade (Ogdoade signifie huitième ; c'est la phase de la rentrée en Dieu, l'Etre-Esprit absolu).

41. Hermès : conformément à ce que dévoila Pymandre dans l'Ogdoade, j'agrée ta hâte d'abattre cette tente, car à présent tu es pur. Pymandre, l'Esprit, ne m'a rien révélé de plus que ce que j'ai écrit, sachant bien que je suis en état de tout comprendre ; d'entendre et de voir tout ce que je désire ; et il m'a ordonné de faire tout ce qui est bien. C'est pourquoi les Forces qui sont en moi chantent en tout.

42. Tat : Père, moi aussi j'aimerais entendre et connaître tout cela.

43. Hermès : Alors soit silencieux, mon fils, et entends ce Chant de louange si à propos, l'Hymne de la Renaissance - Ce n'était pas mon intention de le faire ainsi connaître sans plus, excepté à toi qui es parvenu au terme de cette initiation. Ce Chant de louange ne s'enseigne pas, il reste caché dans le silence. Place-toi donc dans un lieu à ciel ouvert, tourne ton regard vers le vent du sud, après le coucher du soleil, et là, adore ; fais de même au lever du soleil mais tourné vers l'orient. Et Maintenant, silence, mon fils.

44. LE CHANT DE LOUANGE SECRET : LA FORMULE SACRÉE.
" Que toute nature du cosmos écoute ce Chant de louange ! Ouvre-toi, ô terre ! Que les eaux du ciel ouvrent leurs sources à l'écoute de ma voix ! Restez immobiles, vous les arbres ! Car je veux chanter et louer le Seigneur de la Création, le Tout l'Unique ! Ouvrez-vous, cieux ! Vents, apaisez-vous ! Afin que l'immortel Cycle de Dieu puisse recevoir ma parole.
Car je vais chanter la Louange de Celui qui a créé l'Univers entier ; Qui a indiqué sa place à la terre et suspendu le firmament ; Qui a ordonné à l'eau douce de sortir de l'océan et de se répandre sur la terre habitée et inhabitée, au service de l'existence et pour la survie des hommes ; Qui a ordonné au feu de briller pour tout usage que voudraient en faire les dieux et las hommes. Rassemblons-nous pour chanter les louanges de Celui qui est élevé au-dessus de tous les cieux, le Créateur de la nature entière. Il est l'oil de l'Esprit : qu'à Lui soit la louange de toutes les Forces.

45. O vous, Forces qui êtes en moi : chantez la louange de l'Unique et du Tout ; chantez selon ma volonté, ô vous Forces qui êtes en moi. Gnose, ô sainte Connaissance de Dieu, par Toi illuminé, il m'est donné de chanter la Lumière du savoir et de me réjouir dans la joie de l'Ame-Esprit. O vous, toutes les Forces, chantez avec moi ce Chant de louange ! Et toi, ô Humilité, et toi, justice en moi, chantez pour moi ce qui est juste. O amour du Tout en moi, chante en moi le Tout. O vérité, loue la Vérité. O bonté, loue-le Bien.

46. De Toi, ô Vie et Lumière, vient le Chant de Louange, et vers Toi il retourne. Je Te remercie, Père, qui manifeste les Puissances. Je Te remercie, Père, Toi qui pousses à l'action tout ce qui est potentiel. Ta Parole chante pour moi Ta Louange. Reçois par moi le Tout, en tant que Parole, en tant qu'offrande de la Parole.

47. Entends ce que proclament les Forces qui sont en moi : elles célèbrent le Tout, elles accomplissent Ta Volonté. Ta Volonté émane de Toi et Tout retourne à Toi. Reçois de tous l'offrande de la Parole !

48. Sauve le Tout qui est en nous. Illumine-nous, ô Vie, Lumière, Souffle, Dieu ! Car l'Ame-Esprit est le gardien de Ta Parole !

49. O Porteur de l'Esprit, ô Démiurge, Tu es Dieu ! L'homme qui T'appartient le proclame par le feu, par l'air, par la terre, par l'eau, par l'Esprit, par Tes créatures. J'ai reçu de Toi ce Chant de louange de l'Éternité comme j'ai trouvé, par Ta Volonté, le repos que je cherchais."

50. Tat : J'ai vu comment, par ta volonté, ce Chant de louange doit s'exprimer, Père, Et maintenant je l'exprime également dans le monde qui est le mien.

51. Hermès : Dis, mon fils, dans le monde essentiel, c'est-à-dire le monde divin.

52. Tat : Oui, dans le monde essentiel, Père, j'ai ce pouvoir. Par ton Chant de louange et l'expression de ta gratitude, l'illumination de mon Ame-Esprit est devenue parfaite. Maintenant je veux moi aussi rendre grâce à Dieu du plus profond de mon être.

53. Hermès : En cela ne soit pas imprudent, mon fils.

54. Tat : Entends, Père, ce que je dis dans l'Ame-Esprit : " A Toi, ô premier artisan de la Renaissance, à Toi, mon Dieu, je fais, moi Tat, l'Offrande de la Parole. O Dieu, Toi Père, Toi Seigneur, Toi Esprit : accepte de moi l'offrande que tu désires de moi. Car tout (le processus entier de la Renaissance) s'accomplit conformément à Ta Volonté."

55. Hermès : Mon fils, tu offres ainsi à Dieu, le père de toutes choses, une offrande qui lui est agréable. Mais ajoute ceci encore : par la Parole !

56. Tat : Je te remercie, Père, des conseils que tu m'as donnés.

57. Hermès : Je me réjouis, mon fils, de ce que tu aies gagné les bons fruits de la Vérité, une récolte immortelle assurément ! Promets-moi, maintenant que tu as appris cela de moi, d'observer le silence concernant ce merveilleux pouvoir et de ne transmettre à personne la manière dont s'accomplit la renaissance, afin que nous ne soyons pas comptés parmi ceux qui profanent l'Enseignement. Qu'il soit suffisant que nous l'ayons tous deux faits nôtre : moi en parlant, toi en écoutant. Dans la Lumière de l'Esprit tu te connais maintenant toi-même ; toi-même et notre Père à tous deux.

XV. Hermès Trimégiste à Asclepios : Du penser juste

1. Hermès : Comme mon fils Tat, durant ton absence, désira recevoir des éclaircissements sur la nature de l'Univers, et ne voulut pas me permettre de différer son instruction (en effet, c'est mon fils et un jeune élève récemment parvenu à la connaissance des choses), j'ai été contraint de m'y attarder avec force détails afin de lui rendre l'Enseignement plus accessible.

2. Mais pour toi j'ai choisi les principaux chapitres de ce qui a été dit et les ai composés sur un mode plus mystique, eu égard à ton âge et à la connaissance de la nature des choses que tu as acquise.

3. Si toutes les choses qui se manifestent viennent à l'existence, ou y sont venues, non d'elles-mêmes mais par un autre ; et si toutes les choses venues à l'existence sont différentes et dissemblables, et doivent leur naissance à un autre, il existe bien quelqu'un qui soit leur Créateur. Mais ce dernier n'est lui-même pas né ; on dit qu'il était avant tout le créé. Car ce qui est créé naît d'un Autre, comme je l'ai dit, donc rien ne peut être avant que tout ne vienne à l'existence, excepté Cela même qui n'est jamais né : le Créateur.

4. Ce dernier est aussi le plus puissant et Il est l'Unique. Lui seul est véritablement sage en tout puisque rien n'existait avant Lui. Car Il est le Premier, aussi bien dans l'ordre numérique que par la grandeur, par la différence qui existe entre Lui et toutes les créatures, et par la continuité de Sa Création. En outre toutes les créatures sont visibles ; lui seul est invisible. C'est précisément pourquoi Il crée ; pour Se rendre Lui-même visible ! C'est ainsi qu'Il crée sans arrêt, et de la sorte Se rend visible.

5. Il faut penser ainsi, et de cette pensée en arriver à l'émerveillement, et s'estimer bienheureux d'avoir appris à connaître le Père. Qu'y a-t-il en effet de plus merveilleux qu'un Père véritable ? Qui est-Il et comment apprendre à le connaître ? Est-il juste de Lui donner seulement le nom de Dieu ? Ne Lui faudrait-il pas aussi celui de Créateur ? De Père ? Ou peut-être les trois ? Créateur, par son activité ? Père, par sa Bonté ? Car Il est puissant, vu la diversité des choses manifestées ; et actif, puisqu'en effet tout vient à l'existence par Lui.

6. Sans ambages ni jeux de mots interminables, nous devons distinguer le créé et le Créateur ; car entre eux n'existe ni intermédiaire, ni tiers.

7. Distingue-les donc toujours, dans tout ce que tu comprends et apprends, et sois convaincu qu'ils contiennent et renferment tout. Ne laisse aucun doute s'insinuer en toi à ce propos : ni en ce qui concerne les choses qui sont au-dessus ou celles qui sont en dessous, ni au sujet des choses divines, ni quant à ce qui est changeant, ou appartient aux choses cachées. Tout ce qui existe se résume à ces deux : le créé et le Créateur, et rien ne peut les séparer, car le Créateur n'existe pas sans création. Chacun est ce qu'indique le mot et rien d'autre. C'est pourquoi on ne peut pas plus séparer l'un de l'autre que lui-même.

8. Si le Créateur est uniquement la fonction, simple, pure, non-composée, Il doit être nécessairement identique à Lui-même, car la création du Créateur est la naissance d'un état d'être, et ce qui est engendré ne peut exister comme s'étend engendré lui-même. Une création doit donc nécessairement être engendrée par un Autre : sans Créateur donc, rien n'est manifesté et rien n'existe. Si le Créateur et la créature sont séparés, chacun d'eux perd son identité propre, privé qu'il est de son complément. Si

donc on reconnaît que la réalité se résume à ces deux, le Créateur et la création, on reconnaît qu'ils forment une unité de fait qu'ils ne peuvent se passer l'un de l'autre : d'abord il y a la Divinité créatrice ; ensuite vient le créé, quel qu'il soit.

9. Ne craint pas que la distinction que j'ai faite diminue le respect dû à Dieu ou à sa gloire. Car il n'est pour Lui qu'une seule gloire : amener tous les êtres à la vie. Créer, donner forme et vie, tel est, à vrai dire, le Corps de Dieu. Ne crois jamais que le Créateur ait ordonné quelque chose de mauvais ou de laid. Car le mauvais et le laid sont des aspects indissolublement liés à la génération, comme la rouille l'est au fer et l'impureté au corps. Ce n'est pas le forgeron qui a fait la rouille, ce ne sont pas les parents qui ont causé la souillure du corps, ce n'est pas Dieu non plus qui a créé le mal. C'est l'usage, l'usure des choses créées qui produit l'effet annexe du mal. Et c'est précisément pour purifier le créé que Dieu a établi le changement.

10. Si n'importe quel peintre peut représenter le ciel et les dieux, la terre et la mer, l'homme et les animaux ainsi que les choses inanimées, Dieu ne serait pas capable de créer tout cela ! Quelle déraison, quelle ignorance de penser cela de Dieu ! Ceux qui ont de telles idées éprouvent les choses les plus étranges. Car alors qu'ils prétendent louer Dieu et Lui témoigner leur respect, ils refusent de Le reconnaître comme le Créateur de toutes choses et donnent ainsi la preuve, non seulement de ne pas Le connaître, mais de commettre le plus horrible blasphème en Lui imputant orgueil et impuissance. Car si Dieu n'était pas le créateur de tous les êtres, ce serait alors comme s'Il dédaignait de les amener à la vie ou n'en était pas capable : penser ainsi est impie, en vérité.

11. Car Dieu n'a qu'un seul attribut : le Bien. Et le Bien universel n'est ni orgueilleux, ni impuissant. Oui, voilà ce qu'est Dieu : le Bien, le Tout Puissant, qui créé l'universalité des choses. La totalité de ce qui est créé vient de Dieu, de Lui Qui est le Bien absolu et a le pouvoir de tout engendrer.

12. Si maintenant tu veux savoir comment Dieu créé et comment le créé vient à l'existence, voici une parabole juste et belle : Pense au laboureur qui sème la semence dans son champ : ici du blé, là de l'orge, ailleurs quelque autres graines. Vois comment il plante ici une vigne, là un pommier, ailleurs encore d'autres espèces d'arbres. De même Dieu sème l'Immortalité dans le ciel, le Changement sur la terre, la Vie et le Mouvement dans l'Univers. Ces aspects de Son activité sont donc restreints. Ils sont en petit nombre et faciles à compter : quatre en tout, plus Dieu Lui-même et le créé. Et ces six constituent ensemble l'universalité de ce qui existe.

XVI. Hermès à Ammon : De l'Âme

1. Hermès : L'âme est un être incorporel qui, même lorsqu'elle est dans le corps, ne
    perd rien de son essence propre. Car en vertu de son être même, elle est en
    perpétuel mouvement. Elle se meut elle-même par les activités de la pensée : elle
    n'est mue, ni dans quelque chose, ni par rapport à quelque chose, ni pour quelque
    chose. Car avant que les forces n'entrent en activité, elle "est", et ce qui précède n'a
    pas besoin de ce qui vient.

2. " Dans quelque chose " s'applique au lieu, au temps, au mouvement naturel de la
    croissance ; " par rapport à quelque chose" a trait à l'harmonie, à l'aspect particulier,
    à la forme ; "pour quelque chose" se rapporte au corps.

3. Car le lieu, le temps, le mouvement naturel de la croissance existent pour les besoins
    du corps. Une parenté originelle unit entre elles ces notions. Car il est pour le moins
    vrai : Qu'un corps a besoin d'un lieu (aucun corps ne peut s'édifier sans lieu, sans
    espace) ; qu'il est soumis à un changement naturel (il n'est aucun changement
    possible hors du temps et sans mouvement naturel) ; et enfin qu'aucun corps ne peut
    se former sans harmonie.

4. Espace, lieu existent donc pour les besoins du corps : car, puisque les changements
    du corps s'effectuent dans l'espace, ce dernier prévient la destruction de l'être qui
    change. Par le changement, le corps passe d'un état à l'autre. Il est alors privé de
    l'état d'être précédent, tout en restant un corps composé. Lorsqu'il est changé en
    quelque chose d'autre, il en possède l'état d'être. Ainsi le corps demeure un corps,
    mais l'état sans lequel il se trouve n'est pas durable. Le corps ne fait donc que
    changer d'état.

5. Lieu, espace sont donc incorporels ; de même le temps et le mouvement naturel.

6. Chacun d'eux a sa nature propre. Le propre du lieu est le pouvoir de contenir en soi ;
    Le propre du temps est d'annuler ou d'additionner ; Le propre de la nature est le
    mouvement ; Le propre de l'harmonie est la sympathie ; Le propre du corps est le
    changement ; Le propre de l'Âme est de pénètre son être véritable par la pensée.

7. Ce qui est mû, l'est par la force motrice de l'Univers. Car la nature de l'Univers lui
    donne deux mouvements : l'un en raison de sa propre puissance, l'autre par son
    pouvoir d'action. Le premier pénètre le monde et en maintient la cohésion interne ; le
    second provoque son expansion tout en le contenant extérieurement. Ces deux
    mouvements s'effectuent toujours ensemble en tout.

8. La nature de l'univers fait venir toutes choses à l'existence et leur confère le pouvoir
    de croître ; d'un coté en leur faisant semer leurs propres semences, de l'autre en leur
    procurant une matière en mouvement. Ce mouvement échauffe la matière, qui
    devient feu et eau : le feu, plein de puissance et de force ; l'eau, passive. Le feu,
    hostile à l'eau, en assèche une partie. Et c'est ainsi que se forma la terre qui flotte sur
    l'eau. L'assèchement continu de l'eau autour de la terre, libéra la vapeur hors des
    trois éléments : eau, terre et feu, et c'est ainsi qu'apparut l'air.

9. Ces éléments se combinèrent selon la loi d'Harmonie : le chaud avec le froid, le sec
    avec l'humide. De cette rencontre de tous les éléments naquit un souffle de vie et une
    semence correspondant au souffle de vie qui l'enveloppait. Quand ce dernier
    descend dans la matrice, il ne reste pas inactif dans la semence. Il la transforme, ce

qui la fait croître et prendre de l'extension. Au cours de cette extension, tout se passe comme si la semence attirait à elle une forme extérieure et se façonnait en conformité. Cette forme sert à son tour de véhicule à la forme intérieure. C'est ainsi que chaque chose reçoit un aspect qui lui est propre.

10. Comme le souffle de vie n'avait pas reçu dans la matrice d'impulsion vitale, mais simplement une impulsion de croissance naturelle, il fit naître aussi, de façon harmonieuse, une impulsion vitale afin qu'y fût reçue la vie pensante indivisible et immuable, laquelle ne perd jamais son immuabilité.

11. C'est ainsi que, conformément aux nombres, ce qui est dans la matrice est conduit à naître, grâce au processus de la naissance, et fait para ître à l'extérieur ce qui devait naître. Et l'âme la plus proche s'y relie, non pas conformément à son propre caractère, mais selon les décrets du Destin. Car, par nature, l'âme ne désire aucunement demeurer dans le corps.

12. C'est uniquement par obéissance au Destin que l'âme confère à l'être qui vient à naître le mouvement de la pensée et la matière mentale de la vie intérieure : car l'âme pénètre le souffle de vie et s'y agite en éveillant la vie.

13. L'âme est un être incorporel ; si elle avait un corps, elle ne pourrait pas se maintenir elle-même. Tout corps a en effet besoin d'une existence : il a besoin de la vie qui a pour fondement l'Ordre.

14. Tout ce qui naît est aussi soumis au changement. Car tout ce qui naît a une certaine extension et croît. Quand une chose naît, elle croît ; or toute croissance passe à nouveau par une décroissance, une diminution ; puis vient la dissolution, la désagrégation.

15. Ce qui naît vit et, pour avoir part à la forme vitale, est relié à l'existence de l'âme. Mais la cause de l'existence, pour d'autres raisons, existe déjà antérieurement.

16. J'entends par avoir une existence : être doté de raison et avoir part à la vie pensante : c'est l'âme qui confère la vie pensante.

17. On qualifie ce qui naît d'être vivant à cause de la vie ; de raisonnable à cause du pouvoir de penser ; de mortel à cause du corps. L'âme est donc sans corps car elle conserve sa force sans défaillance. Mais comment parler d'être vivant s'il n'y a pas de principe conférant la vie ? On pourrait encore moins parler d'être raisonnable sans l'existence d'une nature pensante conférant la vie pensante.

18. Du fait que le corps est composé, la pensée ne parvient pas à l'harmonie chez tous les hommes. Car si le corps composé connaît un excédent de chaleur, l'homme devient comme aérien, excité ; s'il y a excédent de froid, il s'alourdit et s'engourdit. C'est la nature qui ordonne la composition du corps au nom de l'harmonie.

19. Il y a trois sortes d'harmonie : selon la chaleur, selon le froid, et selon le tempéré. La nature ordonne en accord avec l'astre qui domine dans la constellation des étoiles. Et l'âme dotée d'un corps, par décret du Destin, l'accepte et confère la vie à cet ouvrage de la nature.

20. La nature fait donc aller l'harmonie du corps avec la position des astres ; elle combine les éléments distincts conformément à l'harmonie des astres, afin qu'il y ait concordance entre tout. Car tel est le but de l'harmonie des astres : tout accorder aux ordonnances du Destin.

21. L'âme est donc un être parfait en soi, qui s'est choisi, à l'origine, une vie conforme à la Destinée et s'est attiré une forme constituée de force vitale et de désir bouillonnant.

22. La force vitale est au service de l'âme en tant que matériau. Quand cette force vitale a engendré un état d'être conforme à l'image-pensée de l'âme, elle est pleine d'énergie et ne se laisse pas dominer par l'apathie. Le désir aussi se présente comme un matériau. Lorsqu'il a généré un état d'être en accord avec les idées de l'âme, il devient modéré et ne cède pas à la soif des jouissances. Car le pouvoir raisonnable de l'âme comble l'insatisfaction du désir.

23. Donc, quand la force vitale et le désir collaborent, qu'ils ont formé un état d'être équilibré, et qu'ils s'orientent sans cesse sur la raison de l'âme, ils créent une juste disposition intérieure ; car l'état d'être parfaitement équilibré qu'ils créent, réfrène l'excédent de force vitale et comble par ailleurs l'insatisfaction du désir.

24. Ce qui le guide alors, c'est le pouvoir du penser qui, s'appartenant à lui-même dans sa circonspection, a pouvoir sur sa propre raison.

25. L'être de l'âme gouverne et dirige en souverain, en guide ; la raison qui l'habite dirige en conseillère.

26. La circonspection de l'âme est donc cette connaissance des pensées qui confère à ce qui est dépourvu de raison et de compréhension un soupçon de pouvoir raisonnable, infime et insignifiant en comparaison de ce pouvoir, mais néanmoins raisonnable en regard du déraisonnable, comme l'écho par rapport à la voix, ou la lueur de la lune par rapport au soleil.

27. Une certaine réflexion raisonnable crée donc l'harmonie entre la force vitale et le désir, qui se maintiennent l'un l'autre en équilibre et attirent à eux un courant de pensée raisonnable doté d'un mouvement circulaire sans fin.

28. Toute âme est immortelle et toujours en mouvement. Nous avons déjà dit, en effet, que les mouvements procèdent soit des forces soit des corps.

29. Nous disons de plus que l'âme émane d'une autre essence que la matière, car elle est incorporelle, de même de ce dont elle provient : car tout ce qui vient à l'existence naît obligatoirement de quelque chose d'autre.

30. Tous les êtres qui naissent et sont par la suite soumis à la destruction, possèdent nécessairement deux mouvements : à savoir le mouvement de l'âme qui les meut, et le mouvement du corps qui les fait grandir et décroître puis se dissoudre par désagrégation. C'est ainsi que je décris le mouvement des corps mortels.

31. Or l'âme est toujours en mouvement ; elle existe elle-même par un mouvement continu et transmet un mouvement aux autres choses. Vue ainsi, toute âme est immortelle puisque c'est l'activité de sa nature propre qui la tient en mouvement.

32. Il y a des âmes divines, des âmes humaines et des âmes dénuées de raison. L'âme divine est la force active de son corps divin. Elle se meut dans ce corps et y engendre ainsi le mouvement.

33. Lorsque l'âme se libère des êtres mortels, ainsi délivrée de ce qui ne répondait pas en elle à la raison, elle entre dans le corps divin à l'intérieur duquel, dans un mouvement incessant, elle est emportée par l'Univers.

34. L'âme humaine a aussi quelque chose de divin, mais elle est de plus liée à des aspects déraisonnables, le désir et la force vitale. Sans doute, ces aspects sont-ils immortels, pour autant que ce soient des forces actives, mais se sont des forces du corps mortel et de ce fait très éloignées des parties divines de l'âme qui demeurent dans le corps divin.

35. L'âme des êtres dénués de raison consiste simplement en force vitale et en désir. On les dit dénués de raison parce que privés de l'aspect raisonnable de l'âme.

36. Pense enfin à l'âme des choses inanimées qui, bien qu'elle se trouve à l'extérieur des corps, les entraîne dans son mouvement. Celle-ci pourrait se mouvoir soi-même exclusivement dans le corps divin et mettrait ainsi ces choses en mouvement pour ainsi dire " de seconde main".

37. L'âme est donc un être éternel, doté d'intelligence, ayant pour pensée sa propre raison et qui, lorsqu'il est uni à un corps, attire à lui le mode de pensée de l'Harmonie. Cependant, une fois libérée du corps physique, l'âme, autonome et libre, appartient au monde divin. L'âme gouverne sa propre raison et confère à ce qui vient à la vie, un mouvement conforme à ses pensées, mouvement que l'on nomme vie. Car c'est l'apanage de l'âme de transmettre à d'autres quelque chose de son être propre.

38. Il y a donc deux sortes de vie et deux sortes de mouvement. L'un est le mouvement de l'être de l'âme, l'autre celui du corps de la nature : celui de l'âme est autonome, l'autre est imposé : tout ce qui est mû, en effet, reste soumis à la contrainte de ce qui engendre le mouvement. Mais le mouvement qui meut l'âme est indissolublement lié à l'Amour, lequel conduit à la réalité divine.

39. L'âme est en effet incorporelle, puisqu'elle ne fait pas partie du corps physique. Car si l'âme avait un corps, elle n'aurait ni raison, ni pensée (car tout corps est sans pensée). En revanche un être pensant doit son souffle de vie au fait qu'il a part à l'être de l'âme.

40. Le souffle de vie, ou esprit, appartient au corps ; la raison à l'être de l'âme. La raison prend le Beau comme sujet de contemplation ; l'esprit qui observe avec les sens perçoit les phénomènes. Cet esprit se diffuse dans tous les organes de la perception, qui en constituent les différentes parties et comprennent un esprit de la vue, un esprit de l'ouï, un esprit du goût et un esprit du toucher. Lorsque cet esprit de vie, ce souffle de vie du corps, devient une sorte d'intelligence, il perçoit sensoriellement. S'il ne le fait pas, il se représente simplement les choses.

41. Car il appartient au corps et est réceptif à tout. La raison, en revanche, appartient à l'essence la plus intime de l'âme, et juge avec compréhension et entendement. La raison possède en propre la connaissance des choses divines ; l'esprit de vie se fait des représentations (donc des images apparentes). L'esprit de vie puise sa force vitale du monde environnant ; l'âme puise la sienne en elle-même.

42. Il y a donc l'être de l'âme, la raison, les pensées et l'entendement (ou pouvoir de compréhension). Le pouvoir de représentation et la perception sensorielle contribuent à l'entendement (pouvoir de compréhension). La raison, qui est l'apanage de l'âme, crée les pensées, lesquelles se fondent dans l'entendement (pouvoir de compréhension). Ces quatre, qui s'interpénètrent, constituent une seule forme, la forme de l'âme.

43. À l'entendement (ou pouvoir de compréhension) de l'âme contribuent le pouvoir de représentation et la perception sensorielle. Ceux-ci cependant, ne sont pas constants et fonctionnent soit trop, soit trop peu, ou bien divergent l'un l'autre. Ils s'affaiblissent

dans la mesure où ils s'écartent de l'entendement (pouvoir de compréhension). Mais lorsqu'ils le suivent et lui obéissent, ils s'accordent, par l'intermédiaire des sciences, à la raison supérieure.

44. Nous sommes en état de choisir : il est en notre pouvoir de choisir le meilleur, et aussi ce qui est mauvais, et cela malgré nous. Car le choix qui s'attache au mal participe de la nature du corps. C'est pourquoi le Destin domine celui qui fait un tel choix. Comme la raison supérieure, l'être pensant en nous, est autonome et demeure toujours identique à elle-même, le Destin n'a pas prise sur elle.

45. Toutefois, lorsque l'être pensant se détourne du Logos, dont la pensée pénètre tout et qui est le Premier après le Premier Dieu, il dépend alors du plan entier que la nature a établi pour le créé. Lorsque l'âme se relie donc au créé, elle dépend aussi du Destin, bien qu'elle ne participe pas de la nature des choses créées.

XVII. Hermès à Tat : de la Vérité

1. Hermès : Il n'est pas possible qu'un homme, créature imparfaite, composé de membres imparfaits et dont l'enveloppe est formée de nombreux éléments hétérogènes, puisse se hasarder à parler de la Vérité. Mais ce qui est possible et juste de dire , et que je dis, c'est que la Vérité réside seulement dans les corps éternels, dont tous les éléments sont vrais ; le feu qui, une fois pour toutes, est Feu et rien d'autre ; la terre qui, une fois pour toutes, est Terre et rien d'autre ; l'air qui, une fois pour toutes, est Air et rien d'autre ; l'eau qui, une fois pour toutes, est Eau et rien d'autre.

2. Par ailleurs, nos corps sont composés de tous ces éléments : ils renferment du feu, de la terre, de l'eau et de l'air, mais ils ne sont ni feu, ni terre, ni eau, ni air, ni quoi que ce soit de vrai.

3. Si donc, dès l'origine, notre constitution corporelle n'a pas reçu en elle la Vérité, comment donc pourrait-elle voir exprimer la Vérité ? Et elle ne la comprendra que si Dieu le veut.

4. Toutes les choses qui appartiennent à la terre, ô Tat, ne sont donc pas la Vérité, mais des imitation de la Vérité ; et même pas toutes, seulement un très petit nombre. Le reste est mensonge. Quand l'apparence reçoit l'effusion d'En Haut, elle est une imitation de la Vérité ; sans la force d'En Haut, elle reste mensonge, une non-vérité ? Il en est de même d'un tableau qui représente un corps : ce n'est pas le corps correspondant à la forme du sujet vu. On y voit des yeux, mais ils n'ont pas de regard ; des oreilles mais elles n'entendent rien. Tous les éléments que montre la peinture ne sont que des apparences destinées à tromper la Perception de l'observateur, qui croit voir la Vérité, alors que cette vérité n'est que mensonge.

5. Quand on voit quelque chose qui n'est pas un mensonge, on voit la Vérité ? Si donc nous voyons ou comprenons ces choses, telles qu'elles sont en réalité, nous voyons et comprenons des choses vraies ; si elles sont autres qu'elles ne sont, nous ne saisissons et ne savons rien de vrai.

6. Tat : La vérité est-elle donc aussi sur terre, Père !

7. Hermès : Tu fais erreur, mon fils, incontestablement, il n'y a aucune Vérité sur terre, et celle-ci ne peut pas s'y manifester. Toutefois il est possible que quelques hommes, auxquels Dieu donne la puissance de La voir, contemplent la Vérité.

8. Tat : N'y-a-t'il donc rien de vrai sur terre ?

9. Hermès : Je pense et je dis : "Tout n'y est qu'apparence et illusion !" Voilà les choses vraies que je pense et dis.

10. Tat : Ne doit-on pas alors appeler Vérité le fait de penser et dire des choses vraies ?

11. Hermès : Comment est-ce possible ? Il faut penser et dire ce qui est : " Rien n'est vrai sur la terre". Ce qui est vrai, c'est qu'ici bas rien n'est vrai. Comment pourrait-il en être autrement, mon fils ? La Vérité est la Magnificence parfaite, le Bien absolu, ni souillé par la matière, ni revêtu d'un corps. La Vérité est le Bien, nu, rayonnant, inviolable, sublime, immuable.

12. Mais vois, mon fils, combien les choses d'ici-bas sont impuissantes à recevoir ce Bien, car elles sont toutes périssables, sujettes à la souffrance, dissolubles, mouvantes, toujours changeantes et passant d'une forme à l'autre. Comment ces choses qui en elles mêmes ne sont pas vraies pourraient-elles être la Vérité ? Tout ce qui change est mensonge, parce que ne demeurant pas dans son essence, passant d'une forme à l'autre et nous présentant toujours de nouvelles apparences.

13. Tat : L'Homme lui-même n'est-il pas vrai, Père ?

14. Hermès : Pas en tant qu'homme, mon fils. Car, est vrai ce qui ne consiste qu'en soi-même et demeure soi-même tel qu'il est ; l'homme cependant est composé d'éléments multiples et ne demeure pas ce qu'il est. Au contraire, il change et se transforme d'un âge à l'autre et d'une forme à l'autre, aussi longtemps qu'il est dans son enveloppe. En très peu de temps, beaucoup de parents ne reconnaissent plus leurs enfants, ni les enfants, leurs parents.

15. Est-ce qu'un être qui change à tel point qu'il n'est plus reconnaissable peut être vrai, Tat ? N'est-il pas plutôt non-vrai puisque, au cours de ses changements, il passe par tant d'apparences différentes ? Comprends que seul est vrai ce qui est permanent et éternel. L'homme n'est pas éternel. Donc il n'est pas vrai non plus. L'homme est une forme apparente et, comme telles, tout à fait non-vrai.

16. Tat : Mais, Père, les corps éternels qui changent ne sont-ils pas vrais non plus ?

17. Hermès : Rien de ce qui est engendré est soumis au changement n'est vrai. Mais puisque ces corps ont été créés par le Premier Père, il est possible que la matière dont ils sont composés soit vraie. Ces corps n'ont pas de Vérité du fait de leurs changements : car il n'y a de vrai que ce qui reste identique à soi-même.

18. Tat : Mais Père, que peut-on alors qualifier de vrai ?

19. Hermès : Seul le Soleil (vulcain), peut être dit vrai ! Car tandis que tout le reste change, le Soleil ne change pas est reste identique à lui-même. Aussi Lui seul est-il chargé de donner forme à tout dans le monde, de régner sur tout et de tout générer : c'est Lui que je révère, la Vérité de Son Être que j'honore ; après l'Unique et Premier, je Le reconnais comme le Démiurge, le Constructeur du monde.

20. Tat : Et qui est la Vérité Première, Père ?

21. Hermès : Le Seul et Unique, ô Tat, Celui qui n'est pas constitué de matière, Qui n'est pas dans un corps, Qui n'a ni couleur ni forme, Qui ne change pas, Qui n'est pas changé, Qui est toujours. Par contre, tout ce qui est non-vrai est périssable. La providence de la Vérité maintient la décomposition de tout ce qui est sur la terre, elle l'y renferme et le fera éternellement. Car sans décomposition, pas de génération. À chaque génération succède la décomposition, afin que de nouvelles créatures viennent à naître. Tout ce qui naît doit nécessairement naître de ce qui se décompose ; et ce qui naît doit nécessairement se décomposer afin que la génération des êtres ne connaisse aucun arrêt. Reconnais cela comme la Cause première et active de la génération des êtres.
C'est la raison pour laquelle ceux qui naissent de la décomposition ne peuvent être que non-vrai, car ils naissent une fois d'une sorte, et une fois d'une autre. Il est en effet impossible qu'ils renaissent exactement les mêmes. Comment donc ce qui ne renaît pas identique pourrait-il être vrai ?
On doit donc le qualifier d'apparence pour le désigner de la juste manière : l'homme, une apparence d'homme, l'enfant, une apparence d'enfant, le jeune homme, une apparence de jeune homme, l'adulte, une apparence d'adulte, le vieillard, une

apparence de vieillard ; car l'homme n'est pas un homme vrai, l'enfant, un enfant vrai, l'adulte, un adulte vrai, le vieillard, un vieillard vrai. Dès que les choses changent, en effet, elles mentent, aussi bien les choses passées que présentes.

Pourtant, mon fils, comprend bien cela : même les phénomènes non-vrais d'ici-bas dépendent d'en haut, de la Vérité même. Et puisqu'il en est ainsi, je déclare que l'apparence est l'ouvrage de la Vérité.

FINIS